SULIVAN FRANÇA

# OS SEGREDOS DAS MENTES EXTRAORDINÁRIAS

O QUE A ESCOLA NÃO TE ENSINOU, MAS O MUNDO TE COBRA

**DVS Editora**

www.dvseditora.com.br
São Paulo | 2020

# OS SEGREDOS DAS MENTES EXTRAORDINÁRIAS
## O QUE A ESCOLA NÃO TE ENSINOU, MAS O MUNDO TE COBRA

DVS Editora 2020 – Todos os direitos para a língua portuguesa reservados pela editora.

Nenhuma parte deste livro poderá ser reproduzida, armazenada em sistema de recuperação ou transmitida por qualquer meio, seja na forma eletrônica, mecânica, fotocopiada, gravada ou qualquer outra, sem a autorização por escrito da editora.

Capa, projeto gráfico e diagramação: BRUNO ORTEGA

```
Dados Internacionais de Catalogação na Publicação (CIP)
        (Câmara Brasileira do Livro, SP, Brasil)

    França, Sulivan
       Os segredos das mentes extraordinárias : o que
    a escola não te ensinou, mas o mundo te cobra /
    Sulivan França. -- São Paulo : DVS Editora, 2020.

       ISBN 978-65-5695-009-9

       1. Carreira profissional - Desenvolvimento
    2. Crescimento pessoal 3. Motivação 4. Mudança de
    atitude 5. Relações interpessoais I. Título.

20-38575                                   CDD-650.1
```

Índices para catálogo sistemático:

1. Foco essencial : Planejamento estratégico pessoal : Administração    650.1

Cibele Maria Dias - Bibliotecária - CRB-8/9427

Nota: Muito cuidado e técnica foram empregados na edição deste livro. No entanto, não estamos livres de pequenos erros de digitação, problemas na impressão ou de uma dúvida conceitual. Para qualquer uma dessas hipóteses solicitamos a comunicação ao nosso serviço de atendimento através do e-mail: atendimento@dvseditora.com.br. Só assim poderemos ajudar a esclarecer suas dúvidas.

SULIVAN FRANÇA

# OS SEGREDOS DAS MENTES EXTRAORDINÁRIAS

O QUE A ESCOLA NÃO TE ENSINOU, MAS O MUNDO TE COBRA

# SUMÁRIO

| 6 | **Introdução** \| Bem-vindo à Era do Desenvolvimento |
| 19 | **Capítulo 1** \| A hora da mudança |
| 35 | **Capítulo 2** \| Foco nos resultados |
| 50 | **Capítulo 3** \| Estratégia para o fracasso |
| 63 | **Capítulo 4** \| Não erre por 10 mil horas seguidas |
| 81 | **Capítulo 5** \| Inimigos internos |
| 96 | **Capítulo 6** \| Quando nada parece dar certo |
| 104 | **Capítulo 7** \| Ferramentas interiores |
| 114 | **Capítulo 8** \| Qual a origem da sua motivação? |
| 127 | **Capítulo 9** \| Em qual direção e com qual foco |
| 136 | **Capítulo 10** \| Em que tempo você vive? |
| 156 | **Capítulo 11** \| Entre o trabalho e as relações |
| 172 | **Capítulo 12** \| Aprenda com estilo |
| 186 | **Capítulo 13** \| Pensando dentro do padrão |
| 196 | **Capítulo 14** \| Cada um trabalha de um jeito |
| 207 | **Capítulo 15** \| Mudar ou não mudar, eis a questão |

# INTRODUÇÃO

## BEM-VINDO À ERA DO DESENVOLVIMENTO

Seus olhos estão iniciando a leitura das palavras que formam essa frase. Enquanto isso, ao mesmo tempo, o seu cérebro passa a processar as informações diante de você e busca raciocinar sobre as cerca de 40 palavras até aqui. Uma pausa. Você ainda está comigo? Ou será que o seu *smartphone* ou outra coisa já sequestrou sua atenção e interrompeu o fluxo da leitura? Mesmo que isso não tenha ocorrido, talvez sua mente, por si só, já esteja divagando, se afastando das letras nesta página.

Estamos em 2020 e certamente nunca foi tão difícil para o ser humano manter o foco e a concentração como nos dias atuais. Para entender os motivos para isso, basta observar a enxurrada de informações que fluem o tempo todo e chegam como ondas até você. Isso ocorre bem em frente aos seus olhos, por meio de uma infinidade de telas variadas, ou está na palma da sua mão, em seus inseparáveis dispositivos móveis, ou ainda pelos seus ouvidos. Todos os dias. A cada segundo.

Não é à toa que, ainda no ano 2000 — ou seja, duas décadas atrás –, já se falava em FoMO, sigla para *Fear of Missing Out* (algo como "medo de estar perdendo algo", numa tradução livre para o português)[1]. Trata-se da atitude de quem, por receio de estar perdendo alguma coisa sobre o que os outros estão fazendo ou sobre o que ocorre no mundo, checa suas redes sociais a intervalos de poucos

---

1 LEMOS, R. **Medo de perder alguma coisa.** *Não paginado. Disponível em:* <http://observatoriodaimprensa.com.br/e-noticias/_ed833_medo_de_perder_alguma_coisa/>. *Acesso em: 06 nov. 2019.*

minutos ou passa um tempão mergulhado nelas. Olha para tudo aquilo até que não haja mais novidades.

A tentativa seria a de se manter atualizado, mas os efeitos colaterais são aumento de ansiedade, já que é humanamente impossível acompanhar tudo o tempo todo, além de doses de depressão, ao se ter a sensação de que a vida dos outros é sempre "mais emocionante". Isso sem contar o fato de que uma breve reflexão já poderia ser suficiente para indicar que passar horas consumindo tantas informações, muitas não necessariamente relevantes, demanda um desperdício claro de tempo e energia.

A expressão FoMO foi criada pelo norte-americano Dan Herman, especialista em comportamento do consumidor e estratégia de marketing. Ainda em 1996, ele disse ter observado esse fenômeno durante um estudo de grupo para um cliente que atendia. Segundo o próprio autor do termo, de uma forma simplificada, FoMO seria a concentração de atenção das pessoas na metade vazia do copo. Naquilo que não se tem.

Posteriormente, Andrew Przybylski, psicólogo da Universidade de Essex, na Inglaterra, pesquisou sobre FoMO e concluiu que as pessoas com tal síndrome demonstram estar menos satisfeitas com sua vida do que as demais. Também se sentem menos competentes, menos autônomas e menos conectadas a outras pessoas do que as que não se preocupam em "ficar de fora", de acordo com o estudo, publicado em 2013.

E, se na comparação com o passado, o hoje se mostra muito mais intrincado e desafiador, em sua infinita variedade de formas, paira sobre a maioria de nós a convicção de que o futuro se desenha como algo abstrato, em aceleração crescente, e marcado por mudanças cada vez mais disruptivas do que as testemunhadas até aqui. Os impactos de novas tecnologias, a exemplo da inteligência artificial e da capacidade de processamento de uma quantidade colossal de dados, ainda não podem ser completamente mensurados.

Um admirável mundo novo a cada virada de esquina.

Falamos um pouco sobre foco e concentração, mas os desafios do cotidiano atual envolvem complexidade muito maior. As transformações drásticas e cada vez mais velozes exigem uma série de habilidades para lidar com os relacionamentos, por exemplo. De forma similar, o ato de se comunicar, com os demais ou com o mundo, também requer novas competências. Para uma vida mais próspera é preciso, ainda, saber identificar hábitos nocivos e abandoná-los, ao mesmo tempo que integrar práticas mais proveitosas e benéficas à rotina é um bom caminho para se ter bem-estar e satisfação.

Em um cenário como esse, estará melhor preparado quem adotar a atitude mental mais adequada, deixando de lado ferramentas que não servem mais para operar sobre as exigências da realidade vigente. Quem já está capacitado para isso?

## HUMANIDADE EM TRÊS ATOS

Reflita sobre a vida de três indivíduos: um exemplar do *Homo erectus*, alguém que tenha vivido na Idade Média, e um amigo seu. O primeiro, que pode ser considerado o "tataravô" da espécie humana, habitou o planeta entre 2 milhões e 400 mil anos atrás[2], e vivia, em média, 52 anos — embora muitos da espécie não passassem dos 25, de acordo com registros de fósseis analisados por antropólogos. Acredita-se que teria sido o pioneiro em controlar o fogo, pois conseguia acender chamas ao bater pedras contra um cristal[3]. Utilizava as fogueiras para se aquecer, manter predadores afastados e deixar a ponta das lanças mais duras. Dessa forma, o domínio da natureza teve início com ele.

No contexto pré-histórico, as "preocupações" cotidianas do *Homo erectus* se resumiam a coletar alimentos, caçar em grupo, fazer vestimentas com peles de animais para se proteger do frio e não ser devorado por espécies como o tigre-de-dente-de-sabre, por exemplo, que vivia na mesma época. Portanto, a totalidade de informação que ele detinha e que necessitava conhecer era proporcional a essa realidade.

---

2 **UNIVERSIDADE ESTADUAL PAULISTA (UNESP). *1809-2009: etapas evolutivas – o gênero Homo.*** Disponível em: <http://www2.assis.unesp.br/darwinnobrasil/humanev2b.htm> Acesso em: 06 nov. 2019.

3 GUGLIELMO, A. R. *A pré-história: uma abordagem ecológica.* Brasiliense: São Paulo, 2008.

Já um indivíduo que tenha vivido em algum período da Idade Média, que vai de 476 até 1453[4], tinha uma vida infinitamente mais complexa do que a de seu ancestral *Homo erectus*. Conviveu com uma época marcada por incontáveis invasões territoriais, guerras constantes e pela consolidação do sistema feudal, e com economia agrícola e mão de obra servil — bem como com a relação entre servos e senhores, o teocentrismo e enfraquecimento da cultura laica, o fortalecimento do cristianismo e crescimento do poder de intervenção da Igreja Católica.

Dessa forma, cada peça no tabuleiro medieval precisava de uma gama de conhecimentos específicos, fosse um rei, um bispo ou peão, para lidar com tudo o que orbitava em torno de cada rotina na hierarquia social da época. Havia uma série de leis, regras e costumes a serem seguidos. E eles poderiam se mostrar tão ameaçadores quanto ou mais ameaçadores do que os tigres-de-dente-de-sabre do passado. Transgredir alguns princípios poderia significar xeque-mate.

Agora pense naquele seu amigo. O despertador do celular o acorda às 7h, momento antes do banho, em que ele aproveita para dar uma primeira olhada nas redes sociais. Primeira de dezenas de olhadas. Em 2016, a média era de 80 delas ao dia[5]. Pouco depois,

---

4   XAVIER, A. R.; CHAGAS, E. F.; REIS, E. C. *Cultura e educação na Idade Média: aspectos histórico-filosófico-teológicos.* Revista Dialectus, Fortaleza, ano 4, n. 11, p. 310-326. 2017.

5   *Exame. Apple expõe quantas vezes ao dia você desbloqueia seu iPhone.* Disponível em:<https://exame.abril.com.br/tecnologia/apple-revela-quantas-vezes-voce-desbloqueia-seu-iphone/> Acesso em: 06 nov. 2019.

enquanto engole o café em grandes goles, sua casa tem como "fundo musical" as notícias na TV. Porém, a esta altura, seu amigo já não dá muita atenção à telona: já acessou a conta bancária e fez uma transferência, mas quer mesmo é ficar por dentro de tudo o que acontece nos diversos grupos de WhatsApp em que está. Solta uma gargalhada ao ver um meme que o diverte.

A caminho do trabalho, escuta um *podcast* ou sintoniza uma rádio no carro. Já sabe que vai chover no final da tarde, pois chegou a previsão meteorológica. Diretamente do seu pulso esquerdo, seu relógio inteligente, comprado via internet e que chegou da China na semana passada, lhe informa a quantidade de passos e monitora ainda a frequência de batimentos cardíacos. Recebe uma ligação em viva-voz pelo sistema do veículo e, enquanto fala com a namorada, tenta prestar atenção aos semáforos, observa um motociclista passar muito perto, e pedestres que insistem em atravessar fora da faixa de segurança...

Bruscamente pisa no freio, quando o motorista que ia um pouco à frente decide virar à esquerda sem dar seta. Quase batem. O susto desencadeia uma descarga de adrenalina que se traduz por meio de uma sonora buzinada. São 8h11; acompanhamos pouco mais de 60 minutos da vida de um típico cidadão de uma metrópole em 2020.

### REVOLUÇÕES TECNOLÓGICAS

Como fica claro, a proliferação de opções e oportunidades para a nossa espécie, desde o antepassado *Homo erectus*, passando pelo homem da Idade Média, até o indivíduo do presente, explodiu de forma exponencial. Podemos resumir o ponto em que estamos a partir de três revoluções tecnológicas: transportes, comunicação e informação. Foram transformações drásticas nessas áreas que alteraram o curso da história humana[6].

Aviões, navios, trens, carros e até ônibus espaciais proporcionaram a chegada dos homens aos pontos mais remotos do nosso planeta e além dele. Se nossos avós podiam viver uma existência inteira sem sair de sua cidade ou até de seu bairro, atualmente ir de São Paulo ou Rio para Londres ou Nova York parece um passeio trivial. Fica a dúvida: quanto tempo mais até ser possível a um cidadão comum sair da Terra e ir visitar Marte? Ao olharmos para os avanços na História, isso parece uma ficção com data para se realizar.

Além das consequências resultantes dessas mudanças na locomoção, tivemos todos os impactos na comunicação, determinados pela presença crescente de TVs, aparelhos sem fio, celulares e internet, e na informação, com a onipresença de sistemas e dos computadores. Nunca a humanidade teve tantos dados à disposição, para o bem e para o mal, o que resulta numa variedade espantosa de possibilidades em todas as áreas de nossas vidas. Atualmente, conseguimos falar com alguém na Austrália ou no Japão com uma facilidade similar à de uma pessoa no passado conversando com um vizinho.

---

6  *Fear of missing out.* Disponível em: <http://fomofearofmissingout.com/fomo>. Não paginado. Acesso em: 06 nov. 2019.

Se antes perdíamos um tempão na fila de uma agência bancária ou de um supermercado para pagar contas ou abastecer a despensa, hoje é possível resolver algumas dessas tarefas com as pontas dos dedos, em serviços disponíveis na tela do smartphone. Mas quem é capaz de determinar a quantidade da dose do remédio ou do veneno? Por exemplo: você já avaliou quanto tempo você passa por dia usando o celular?

Um levantamento de 2016 indicou que a média de tempo dedicada pelos brasileiros era a mais alta do mundo: quatro horas e 48 minutos[7]. Deixávamos para trás China, Estados Unidos, Itália e Espanha, os outros países que compunham o "top 5" de maior tempo de uso do *smartphone* ao longo de um dia. O que será que há de tão atraente nesse aparelhinho a ponto de, por aqui, muita gente utilizá-lo diariamente de forma tão ampla?

Além dos celulares, há dispositivos ultrafinos que armazenam mais livros do que qualquer ser humano consegue ler em toda uma existência ou plataformas de filmes que, com tantas opções para os gostos mais variados, são capazes de despertar ansiedade. São tantas as alternativas, que muitas pessoas acabam imobilizadas e se veem incapazes de tomar uma simples decisão. Não é incomum que, diante do amplo catálogo de possibilidades que se apresenta, muitos indivíduos sintam dificuldade em escolher o que assistir.

---

7 Exame. Brasileiros estão cada vez mais viciados no celular. *Disponível em:* <https://exame.abril.com.br/tecnologia/brasileiros-estao-cada-vez-mais-viciados-no-celular/> Acesso em: 06 nov. 2019.

Por fim, após zapearem pelas infinitas opções, decidem não ver nada. Será que tanto conhecimento disponível favorece a humanidade? Ou apenas estamos nos afogando em dados e nos perdendo diante da multiplicidade de caminhos? Vale uma reflexão.

## CONHECIMENTO APLICADO = DESENVOLVIMENTO

Pense numa criança de uns 9 anos, em idade escolar. Até algumas décadas atrás, a tarefa dos professores era apresentar a ela conceitos restritos à Linguagem e ao universo da Matemática, das Ciências e da História, por exemplo. Porém, com os avanços mais recentes, parece natural que se juntem a esse time do saber outros aprendizados, como o de uso de novas tecnologias ou até sobre como lidar com os próprios sentimentos — ou seja, noções básicas de inteligência emocional.

Afinal, é imprescindível que um adulto das próximas décadas possua sólidos conhecimentos que lhe permitam se relacionar com a infinidade de ferramentas tecnológicas disponíveis. Da mesma forma, em um mundo em mutação tão veloz quanto drástica e abrangente, será cada vez mais necessário entender a si mesmo. Com isso, autoconsciência, motivação, empatia e saber lidar com relacionamentos[8] são quesitos que farão a diferença para quem quiser gerir a complexidade atual e futura com mais qualidade de vida e menos angústia e sofrimento.

---

8   GOLEMAN, D. *Inteligência emocional.* Objetiva: Rio de Janeiro, 2007.

Menciono tudo isso porque, como vimos até aqui, o ser humano sempre conseguiu acompanhar as modificações em seu entorno por meio da informação e do conhecimento. E, de forma paradoxal, também foi por meio deles que imprimiu novas transformações ao mundo ao redor. Em resumo: o homem mudou e, assim, mudou o mundo, o que mudou o homem... Nossa história até aqui é essa. E o combustível dessa (r)evolução tem sido o conhecimento. No entanto, o que era movido a vapor, hoje tem a propulsão de um foguete.

Para contextualizar, a Era do Conhecimento (que também é chamada de Era Digital, Era da Informação ou Era Pós-Industrial)[9], por várias razões, pode ser considerada como um contraponto à Era Industrial. As transições entre uma fase e a outra, porém, muitas vezes ocorreram de forma simultânea. A indústria não deixou de existir, mas foi assumindo moldes digitais (como tudo, aliás), nos quais informação e conhecimento permeiam todos os processos.

Em "O advento da sociedade pós-industrial", por exemplo, o norte-americano Daniel Bell (1919-2011), sociólogo e renomado professor de Harvard, já abordava as transformações sociais presentes no que chamou de Era Pós-Industrial. Segundo o autor, a sociedade pós-industrial é uma sociedade da informação. Nesse contexto, a economia de serviços marca o período pós-industrial. Como a vida em tal época é baseada em serviços, ou seja, numa relação entre indivíduos, o que vale não é mais a força fí-

---

9 GUEDES, L. F. A. *Era da Informação: o que é e quais são os efeitos nas empresas.* Disponível em: <https://fia.com.br/blog/era-da-informacao/> Acesso em: 06 nov. 2019.

sica nem a energia, mas a informação. Assim, prestar serviço pode ser resumido como trabalhar com informações[10].

De 1973 para cá, no entanto, o mundo se modificou bastante e ficou muito mais complexo. Assim, o aumento de conhecimento disponível, marcado pelo fluxo frenético de produção e consumo de informações, gerou um efeito colateral contraditório. Há quem defenda que em plena Era do Conhecimento exista a Era da Ignorância. Seria o risco associado à hiperinformação, decorrente do alto volume de informação em circulação e de um relativo descuido com a geração e acumulação de conhecimentos[11].

Defendo que o conhecimento é e sempre foi um pilar essencial para a história da humanidade, como vimos nas páginas anteriores. O excesso de dados a que todos estamos submetidos neste momento, por sua vez, permite infinitas possibilidades, mas nos leva a refletir: será que estamos aplicando o conhecimento que detemos? O acesso à informação, por si só, não torna alguém melhor ou pior — assim como apenas a existência de mais conhecimento disponível não faz com que o mundo seja um lugar melhor.

**Conhecimento por si só não traz resultados** — nem para você, nem para o mundo. O conhecimento é um gatilho para que você se desenvolva. Portanto, na verdade, estamos na **Era do Desenvolvimento**. E o desenvolvimento só acontece a partir

---

10 BELL, D. *O advento da sociedade pós-industrial: uma tentativa de previsão social.* Cultrix: São Paulo, 1973.

11 LASTRES, H. M. M.; ALBAGLI, S.; LEMOS, C.; LEGEY, L. R. *Desafios e oportunidades da Era do Conhecimento.* São Paulo Perspec., São Paulo, v. 16, n. 3, 2002.

da ação, ou seja, você adquire um conhecimento, mas o resultado só vem com sua aplicação. Isso valia para o *Homo erectus* e para a Idade Média, vale para os dias de hoje, e valerá para qualquer cenário futuro.

Portanto, minha cara leitora ou meu caro leitor, seja você a mudança que deseja em si e em tudo a seu redor. Somente por meio do conhecimento aplicado, de ações efetivas, você irá se desenvolver. O que propomos a você nos próximos capítulos é um valioso conhecimento que irá nortear suas atitudes e, assim, orientá-lo na trilha do desenvolvimento. Se você já veio comigo até aqui, verifique se está com tudo pronto para começar a mudar seus resultados. Se estiver, vamos em frente!

> *"Conhecimento por si só não traz resultados — nem para você, nem para o mundo. O conhecimento é um gatilho para que você se desenvolva. Portanto, na verdade, estamos na Era do Desenvolvimento."*

# CAPÍTULO 1
## A HORA DA MUDANÇA

## A HORA DA MUDANÇA

Como o título já aponta, este livro foi escrito para, literalmente, mostrar como você pode mudar seus resultados. Para apontar caminhos que irão levá-lo a um outro patamar de atitude e desempenho, em qualquer área da sua vida, seja no plano pessoal, seja no profissional. A nossa matéria-prima de trabalho, aqui, será a realidade, casos práticos, a vida como ela é. Seguiremos juntos numa jornada de reflexão e evolução.

Agora que já destacamos algumas questões importantes envolvendo a Era do Conhecimento e a necessidade de transformá-la em uma Era do Desenvolvimento, e que também sabemos que de nada adianta ter acesso a bons conteúdos e não os usar em prol do próprio aperfeiçoamento, podemos continuar.

Tudo o que não queremos é que você seja como aquelas pessoas que fazem mil cursos, têm pós-graduação, mestrado e doutorado, mas nunca colocaram a mão na massa. Que não conseguem sequer arrumar um emprego, que nunca pisaram numa universidade para dar aulas, como professores ou palestrantes. Gente que parece correr, correr, correr, mas nunca sai do lugar. Não dá para ficar estagnado assim.

Como você chegou até aqui, tenho certeza de que pensa de modo diferente. Porque quer ir além, se destacar na sua área de atuação. Do contrário, teria escolhido outro título para ler neste momento. Afinal, como dissemos, não faltam livros, títulos e opções na atualidade.

Se depender da minha vontade, do meu empenho, o seu caminho há de ser outro. Vou compartilhar o meu melhor com você nas próximas páginas.

Prepare-se para aprender com histórias e com problemas muito reais. Com algumas pessoas com as quais você certamente vai se identificar. Para isso, vamos abordar situações ligadas à falta de foco, à comunicação, aos relacionamentos, e à incapacidade de mudar hábitos ou à dificuldade de alterar a mentalidade.

O importante é que você saiba que, seguindo o método aqui apresentado, vai conseguir mudar. Não tenha a menor dúvida sobre o seu potencial de crescimento, apenas faça. Dê um primeiro passo, com convicção, e acredite que o caminho rumo ao seu desenvolvimento irá se abrir. Convido você a fazer isso a partir de agora. Boa caminhada! E, para se inspirar no trajeto, conheça as histórias de algumas pessoas.

## FERNANDO, O CACHORRO DO VIZINHO, O BANCO, O CELULAR E AS CAMPANHAS ATRASADAS

Algumas linhas atrás mencionei que a realidade será a nossa matéria-prima neste livro. Então, vamos ao nosso primeiro personagem. Acredite, todas as histórias aqui são baseadas em casos reais. Vamos lá: Fernando tem 43 anos, é publicitário há vários anos, nasceu e mora em São Paulo. Casado, é pai de dois meninos, de 3 e 6 anos.

Muito talentoso, é conhecido nas agências com as quais colabora pela criatividade e pelo talento com as palavras. Escreve bem, tem muitas referências culturais, contribui com boas ideias para todas as campanhas que lhe chegam às mãos. Seu desempenho é considerado acima da média do mercado. Tanto que conseguiu se dar ao luxo de trabalhar em esquema *home office*, como freelancer para clientes variados. Trabalho não lhe falta, pelo contrário: há fila de espera pelos seus serviços.

Só tem um detalhe: pela manhã, quando ouve o latido do cachorro do vizinho, Fernando abre a porta e vai papear um pouco. Morar numa vila é sempre um convite a essa interação. Em seguida, brinca com o cãozinho, conversa com o amigo e recolhe as folhas acumuladas no chão. Olha para o banco instalado na frente de casa e decide renovar a pintura da peça.

Antes de chegar à prateleira onde guarda as tintas, confere o celular e vê uma mensagem de um amigo cujo sonho é trabalhar de modo independente como ele trabalha [atua], dando adeus à rotina insana de uma agência de publicidade. Responde a mensagem e atende ao telefonema do companheiro, que liga na sequência. Conversam por meia hora.

Ali pelas 10h, Fernando se dá conta de que não terminou de tomar a sua caneca de café, agora gelada. E que precisa lavar a louça da refeição anterior, acumulada na pia (sua mulher está no trabalho a essa hora do dia). Às 11h, ele precisa tomar banho para buscar as crianças na escola. O plano, na noite anterior, era finalizar um trabalho — uma pesquisa para um campanha de sabonetes voltada para o público feminino — até as 10h30.

O que sobrou da manhã de Fernando? Talvez 20 minutos antes de entrar no chuveiro, tempo que ele usou para ver o que de mais urgente havia em seu *WhatsApp*.

Na sua opinião, será que nosso publicitário precisa mudar alguma coisa no seu modo de agir? Qual o problema em questão?

A falta de foco, cara leitora, caro leitor, atrapalha a vida de muita gente. E, definitivamente, pode fazer a diferença entre o sucesso e o fracasso. No livro "O cérebro do vencedor"[12], os autores, o psicólogo Jeff Brown, o neurocientista Mark Fenske e a jornalista Liz Neporent, destacam o foco como uma das características das pessoas mais bem-sucedidas nas mais diversas áreas — das artes, passando pelos esportes, ao mundo corporativo.

De acordo com a obra, os vencedores têm uma capacidade formidável de se concentrar nos detalhes que são mais importantes. E, ao incorporar detalhes ao foco amplo, o cérebro deles passa a ser mais inovador, flexível e criativo.

O trio recomenda que as pessoas aumentem sua Potência Cerebral. Afirma que a nossa "mira a laser" e o "acelerador de esforço" dependem do foco para identificar e perseguir o alvo, e criar a sinergia necessária para prosseguir. Ainda segundo os

---

12  BROWN, J.; FENSKE, M.; NEPORENT, L. *O cérebro do vencedor.* Elsevier: Rio de Janeiro, 2010.

autores, as habilidades de foco aguçado também significam que você está olhando quando a imagem certa aparece na tela de seu radar de oportunidade.

Entre as dicas deles para "reinvestir seu foco", estão:

- Admita para si mesmo que se desligou da tarefa;
- Se possível, elimine os fatores que desviaram sua atenção;
- Desligue o celular, feche o e-mail, apanhe um sanduíche, e encerre a conversa;
- Escolha um ponto de partida, alinhe-se com uma palavra como "agora" e retome a tarefa, percebendo a riqueza de detalhes do que executa;
- Se você está lendo e tentando permanecer concentrado, coloque uma marca no fim de cada página ou, então, rabisque uma palavra na margem.

Observe que essas recomendações são úteis e fáceis de aplicar no dia a dia. E, como nosso objetivo é orientar você para mudar, isso é apenas o começo.

## CECÍLIA NÃO CONSEGUE DIZER NÃO

Agora que já vimos as questões envolvendo o publicitário Fernando, quero apresentar a você uma outra pessoa que também precisa, urgentemente, mudar algo que não está bom em sua vida atual: Cecília, uma estudante de Design Gráfico de 19 anos.

Moradora da cidade do Rio de Janeiro, a jovem esbanja talento e começou a trabalhar na área antes mesmo de entrar para a faculdade. É considerada uma das mais rápidas e criativas profissionais da pequena agência onde trabalha.

A fama de competente tem lá o seu preço: Cecília acaba por acumular tarefas e, assim, normalmente vive sobrecarregada. Tem sempre alguém lhe pedindo ajuda ou passando para ela alguma demanda não executada a tempo.

Ela não consegue dizer não e, à medida que as horas avançam, vê aumentar a sua já enorme lista de pendências. Por conta disso, vive chegando atrasada à faculdade. Em casa, com a família, é a mesma coisa. Mesmo sem muito dinheiro sobrando na conta, tem sempre alguma quantia para emprestar para a irmã mais velha, uma compradora compulsiva de bolsas.

Não suporta ouvir a mãe falar mal do pai, pois não se considera a melhor interlocutora para esse tema. Ama o pai e fica muito incomodada ao escutar a imensa lista de críticas nesses momentos de desabafo materno. Cecília claramente tem dificuldade de se colocar. Não consegue comunicar seus sentimentos, suas vontades, suas reais impressões sobre as coisas e as pessoas. Com muita frequência, acaba prejudicada por isso.

Especialistas, no entanto, alertam que é importante saber dizer "não". Mas, o que será que está por trás da dificuldade de tanta gente em dizer "não"? Uma possível explicação é que há quem distribua "sim" por sentir culpa ao desagradar o outro.

> CRIE UMA NOVA
> CRENÇA CONVINCENTE
> E ACREDITE EM SEUS
> TALENTOS PARA SE
> APRIMORAR

Tais pessoas, afirmam estudiosos, acreditam que para serem amadas não podem se posicionar de forma contrária, nem colocar limites nas relações[13]. Além disso, eles alertam que essas pessoas podem estar com a autoestima baixa, pois acreditam que não têm o direito de escolher e dizer "não" a situações desagradáveis.

Você conhece alguém como Cecília? Pois eu conheço muita gente além dela com esse perfil. O que posso garantir é que existem caminhos para mudar isso em si. Mas, por ora, vamos conhecer outra pessoa que vai nos acompanhar ao longo deste livro.

## ROBERTO E SEU PAVIO CURTO

Roberto é engenheiro e tem 28 anos. Namorando, há dois anos, uma colega de trabalho, vive em Salvador, na Bahia. É funcionário de uma multinacional da área de suprimentos agrícolas.

Generoso, competente, íntegro e parceiro, ele perde pontos, nos planos pessoal e profissional, por não saber lidar com a sua agressividade. Tem "pavio curto", não consegue lidar com as suas emoções, é incapaz de controlar os seus impulsos.

Com frequência, acaba por magoar a namorada e se mete em confusão na empresa. Já foi demitido de duas companhias depois de brigar com os chefes, logo no início da carreira.

---

[13] BARTH, F. D. *Why is it hard to say "no" and how can you get better at it?* Disponível em: <https://www.psychologytoday.com/us/blog/the-couch/201601/why-is-it-hard-say-no-and-how-can-you-get-better-it> Acesso em: 06 nov. 2019.

O "nó" do engenheiro, como você pode perceber, está nos relacionamentos. Mais uma vez, estamos diante de um tipo muito comum. Quem não tem, na família ou no escritório, um Roberto para chamar de seu?

É tudo uma questão de como cada um de nós vê as coisas.

Para a Psicologia, a forma como os indivíduos veem os outros está relacionada à projeção deles mesmos[14], ou seja, com o reflexo de si. O ato de atribuir a uma outra pessoa qualidades, sentimentos ou intenções que se originam em si próprio é denominado projeção.

Isso significa que se sou uma pessoa leal, verei as outras pessoas como leais. Se sou severo, pensarei que os outros também o são. Sua personalidade, porém, vem à tona quando você fala das outras pessoas e interage com elas.

A projeção é um mecanismo de defesa pelo qual os aspectos da personalidade de uma pessoa são deslocados de dentro dela para o meio externo. Assim, uma ameaça sentida por ela é tratada como se fosse uma força externa. Alguém que afirma que "todos nós somos de algum modo desonestos" está, na realidade, tentando projetar nos demais seus próprios atributos.

Sempre que caracterizamos algo de fora de nós como sendo mau, perigoso, pervertido, imoral, sem reconhecermos que

---

14 **PSIQWEB. *Sigmund Freud.*** Disponível em: <http://www.psiqweb.med.br/site/?area=NO/LerNoticia&idNoticia=190>. Acesso em: 06 nov. 2019.

esses traços podem também ser verdadeiros para nós, é provável que estejamos projetando.

O termo mecanismo de defesa foi utilizado primeiro por Sigmund Freud (1856-1939), mas foi sua filha Anna Freud (1895-1982) quem se aprofundou no tema.

Pesquisas referentes aos preconceitos indicaram que quem tende a estereotipar os outros também revela pouca percepção de seus próprios sentimentos. O indivíduo que nega ter determinado traço de personalidade específico é sempre mais crítico em relação a essa característica quando a vê nos outros.

Já parou para pensar nessas ideias? Pois vale a pena refletir um pouco sobre tudo isso e sobre como você se relaciona com os outros.

A seguir, apresento a vocês uma nova companheira de leitura e outra oportunidade para refletirmos. Conheçam a arquiteta Helena.

## HELENA E SEUS HAMBÚRGUERES NOTURNOS

A arquiteta Helena tem 35 anos. Moradora de Curitiba, ama comida e gasta boa parte dos seus rendimentos em bons restaurantes e lanchonetes. Em seus tours gastronômicos, ela tem um fraco: hambúrgueres. De todos os tamanhos, sabores, recheios. E sempre com o mesmo acompanhamento: refrigerante e batata frita. Se tiver maionese caseira, melhor.

A sua fome pelo sanduíche-símbolo dos Estados Unidos é saciada duas vezes por semana, sempre às terças e sextas-feiras, na saída do trabalho. Tudo estaria bem a não ser por um ponto: Helena é obesa. Engordou 17 quilos somente nos últimos dois anos e meio, depois que passou por um trauma: sofreu um acidente grave quando dirigia numa estrada.

Os quilos a mais se refletem negativamente em seu estado de saúde. Seu índice de glicose no sangue está acima da média, assim como o seu nível de colesterol ruim, o chamado LDL, está nas alturas. Isso para não dizer que ela se sente cansada, sem energia para as atividades do dia a dia.

Dos exercícios físicos, ela não quer nem saber.

Algum palpite sobre o que Helena precisa mudar em sua vida? Você também quer trocar algum hábito, ou diversos hábitos, em sua rotina? A missão não é simples, mas tampouco é impossível, como escreveu o jornalista Charles Duhigg em *O Poder do Hábito*[15].

Na obra, o autor explica que os hábitos nunca desaparecem de fato. Eles estão codificados nas estruturas do nosso cérebro. E essa é uma enorme vantagem para todos nós, uma vez que seria simplesmente terrível se tivéssemos, por exemplo, que reaprender a dirigir depois de cada viagem de férias. O problema é que nossa mente não sabe a diferença entre os hábitos ruins e os bons. Por isso, se alguém tem um hábito

---

15 DUHIGG, C. *O poder do hábito*. Objetiva: Rio de Janeiro, 2012.

ruim, ele está sempre ali, à espreita, esperando as deixas e recompensas certas para se manifestar.

Ainda de acordo com Duhigg, isso explica por que é tão difícil criar o hábito de fazer exercícios, por exemplo, ou mudar nossa alimentação. Uma vez que adquirimos a rotina de sentar-se no sofá em vez de sair para correr ou de fazer um lanchinho sempre que passamos por uma caixa de biscoitos ou de chocolates, esses padrões continuam para sempre dentro das nossas cabeças.

Segundo a mesma regra, no entanto, se aprendermos a criar novas rotinas neurológicas que sejam mais poderosas que esses comportamentos ou, em outras palavras, se assumirmos o controle do que Duhigg chama de *loop* do hábito, podemos forçar essas tendências nocivas a ficar em segundo plano.

Estudos apresentados pelo jornalista em seu livro demonstraram que, uma vez que alguém cria um novo padrão, sair para correr ou ignorar os biscoitos se torna tão automático quanto qualquer outro hábito.

## MARCOS E AS REDES SOCIAIS

Para completar o nosso time de convidados com algum ponto importante a ser aprimorado, apresento a você o Marcos, de 55 anos. Nascido em Guarulhos, na Grande São Paulo, ele é dono de uma pequena lanchonete no bairro onde vive, em Belém, capital do Pará, para onde se mudou há 15 anos, atrás de uma rotina mais tranquila do que a no Sudeste.

Casado, é pai de uma menina. Muito discreto sob todos os aspectos, tem horror a redes sociais. Não vê sentido algum na preocupação que os amigos, alguns dos quais empreendedores como ele, têm de estar sempre online, o tempo todo conectados e fazendo marketing de si mesmos e dos seus negócios. Em contrapartida, alguns conhecidos o veem como um indivíduo acomodado.

Por abominar toda exposição virtual, Marcos julga correto levar esse estilo de vida para a gestão do seu empreendimento. E faz questão de não investir num posicionamento mais ativo da lanchonete em redes como o Facebook e o Instagram. Acredita que os consumidores vão apoiar essa postura e até identificar um certo charme nisso.

Por trás dessa atitude de buscar discrição, ele esconde o fato de que não sabe lidar muito bem com fracassos. Por isso, teme fazer ações para divulgar seu empreendimento e não ver retorno disso. Para ele, isso seria um verdadeiro pesadelo.

Caso você pudesse se sentar para conversar, se fosse tomar um suco de cupuaçu com Marcos em sua lanchonete e fazer-lhe uma única sugestão de mudança na vida, o que diria?

Tenho certeza de qual seria a minha. Recomendaria a ele que prestasse atenção à sua mentalidade em relação a seu posicionamento na internet, principalmente no que se refere às redes sociais. O mundo mudou, e as aspirações dos consumidores atualmente são as mais variadas, enfim.

Em *Mindset*, a psicóloga norte-americana Carol S. Dweck apresentou o conceito de *mindset* (mentalidade ou atitude mental) com base em décadas de estudos. Segundo ela, os indivíduos manifestam um de dois tipos de *mindset*, o fixo ou o de crescimento, que dizem respeito ao modo como eles lidam com fracassos ou desafios[16].

Assim, pessoas que adotam um *mindset* fixo expressam dificuldade quando têm de lidar com frustrações e adversidades. Por sua vez, indivíduos com *mindset* de crescimento veem os obstáculos como oportunidades para aprender e, assim, buscam se aprimorar e se desenvolver a partir de experiências desafiadoras.

A forma como cada pessoa assume um tipo de *mindset* determina como ela pensa, sente e age ao se deparar com um problema ou quando alguma coisa não sai conforme o planejado. Também define a relação do indivíduo com o trabalho, com os demais, com o sucesso, com a maneira como irá educar seus filhos etc.

Isso significa dizer, por exemplo, que pessoas com *mindset* de crescimento estão mais propensas a ser bem-sucedidas, uma vez que acreditam que suas habilidades podem ser desenvolvidas por meio de muito trabalho, boas estratégias e orientação. Já alguém com *mindset* fixo, ao crer que as qualidades humanas são imutáveis, costuma não confiar no valor do esforço, teme mais os riscos, não vê o potencial de aprendizado

---

16  DWECK, C. S. *Mindset, a nova psicologia do sucesso*. Objetiva: Rio de Janeiro, 2017.

dos erros e, com tudo isso, também não aposta na persistência para atingir seus objetivos.

Se, ao final deste capítulo, você tiver clareza de que pode e deve reconsiderar algumas atitudes para mudar resultados, fico feliz. E repito: sigamos juntos numa jornada de evolução. Uma viagem na qual você é o protagonista, tendo todas as coordenadas para agir de modo diferente daquele com que sempre agiu.

> "Não tenha a menor dúvida sobre o seu potencial de crescimento, apenas faça. Dê um primeiro passo, com convicção, e acredite que o caminho rumo ao seu desenvolvimento irá se abrir."

# CAPÍTULO 2
## FOCO NOS RESULTADOS

**FOCO NOS RESULTADOS**

O simples fato de você estar com este livro em mãos já traz um importante significado: é um indício de que você sabe que pode conseguir frutos melhores do que os que vem colhendo atualmente. E em todas as esferas da vida. Todos nós podemos, na verdade. Veremos isso por meio das histórias de nossos cinco personagens — cada um deles com questões tão humanas quanto qualquer um de nós, aliás. Vimos que todos eles têm algo a melhorar.

Todo mundo que conhece o Fernando sabe o quanto ele precisa ser uma pessoa mais focada, enquanto a própria Cecília tem consciência de que deve aprender a se comunicar de outro modo, com mais eficácia. E, se o ponto fraco de Roberto é como ele lida com seus relacionamentos, por sua vez Helena necessita alterar urgentemente alguns de seus hábitos. Por fim, Marcos terá de repensar suas atitudes mentais.

Provavelmente, você conhece indivíduos com necessidades como essas. Na realidade, eles são muitos e estão ao seu redor, por todos os lados. Presentes na sua família e no seu trabalho — ou podem ser amigos seus. Claro, você mesmo deve ter se identificado com algum traço específico do comportamento de nossos personagens. Se isso ocorreu, ótimo! A ideia é justamente esta: mostrarmos como alguns pontos-chave podem ser modificados.

Desejamos que as transformações que iremos acompanhar nas atitudes de nosso quinteto inspirem você a replicar tudo aquilo que fizer sentido para o seu cotidiano. Temos absoluta certeza de que isso fará toda a diferença na sua vida, assim como nos resultados que você sonha em atingir. Se começamos a ver como a mudança pode ser o ponto de partida, saiba que ela também é o elo entre sua condição atual e o estado a que você quer chegar.

Agora, veremos como transformar a forma de ser está diretamente ligado aos resultados de cada um. No capítulo anterior, prometemos que é possível mudar e que o conteúdo presente nestas páginas tem esse objetivo. Neste momento, há espaço para outro compromisso com você, cara leitora e caro leitor: asseguramos que ao aplicar as técnicas que compartilhamos nesta obra você também terá resultados melhores do que os obtidos nos últimos tempos.

Em resumo: primeiro, busque a mudança interior, o que garantimos que você irá conseguir se seguir nossas orientações. Depois, prepare-se para conquistar aquilo que almeja. Afinal, trata-se de um bônus mais do que justo para quem quer se desenvolver.

Você já parou para pensar o que perde ao não buscar evoluir? Pois, com as orientações aqui apresentadas, você terá todas as condições de mudar seus resultados, com alternativas e modos de agir a seu dispor. Nas próximas linhas, vamos entender, a partir das histórias dos nossos protagonistas, como essa evolução pode se concretizar.

## PERDA DE FOCO

Lembra-se do publicitário Fernando, o da falta de foco? Aquele que, muito frequentemente, joga para o alto uma manhã de trabalho, ao se perder em pequenas atividades do cotidiano? Pois vamos pensar um pouco nos resultados que esse homem de 43 anos deixa de obter ao viver assim, sem se concentrar em seus objetivos como poderia.

Se alguém precisa finalizar um trabalho e não o faz em horário comercial, de segunda a sexta, vai ter de trabalhar à noite, durante a madrugada, aos finais de semana. Seria esse exatamente um problema? Não para quem simplesmente prefere essas alternativas ou vive sozinho, o que não é o caso de Fernando.

Pai de duas crianças, com muita frequência ele deixa de estar com os pequenos aos sábados e domingos, por conta dessa falta de organização. Se trabalha até muito tarde e acorda cedo para levar a dupla na escola, fica com sono o dia inteiro, o que além de ser algo por si só desagradável, tampouco é saudável.

Concorda que uma boa dose de foco seria bem-vinda aqui? Palestrante e estrategista de marketing digital, Samuel Edwards escreveu um interessante artigo[17] com dicas para quem precisa de um pouco mais de concentração para o seu dia a dia. Serve para o Fernando e para todos com características similares. Como Edwards define, o foco é uma habilidade necessária para quase tudo que é

---

17 **EDWARDS, S. *Seven exercises that can improve your focus.*** Disponível em: <https://www.inc.com/samuel-edwards/7-exercises-that-can-improve-your-focus.html> Acesso em: 06 nov. 2019.

importante na vida, desde o término de um trabalho à escuta das instruções do chefe e à organização da programação do dia.

Infelizmente, para muitos, o foco é algo escasso. Pode ser por uma dificuldade natural de se concentrar na tarefa em questão. Ou pela pessoa ser suscetível a distrações, como interações nas mídias sociais. Em alguns casos, o indivíduo pode ficar tão sobrecarregado com o trabalho que não consegue se concentrar em nada por um período de tempo. Entre as dicas, Edwards sugere que a pessoa com tal problema adote algumas ações:

- Busque ambientes com menos distrações;
- Pratique meditação;
- Faça atividades físicas;
- Faça listas das suas tarefas;
- Procure memorizar as coisas;
- Divida os afazeres em partes menores;
- Defina prazos para suas obrigações.

E você, no seu cotidiano, tem um tanto de Fernando também? Aproveite e pare para refletir um pouco sobre isso.

## DIGA 'SIM' E ARQUE COM AS CONSEQUÊNCIAS

Se Fernando vive seus apuros, o que dizer da Cecília, então? Estamos falando de uma jovem, com apenas 19 anos, que simplesmente não sabe dizer não. Aquela que, em casa ou no trabalho, está sempre disponível para executar as tarefas dos outros.

Na gráfica em que trabalha, sua rotina é muito mais pesada por conta desse acúmulo de tarefas, o que faz com que ela se atrase para a faculdade. Chegar à aula depois do horário significa perder conteúdos relevantes para a sua formação. Cecília, vale a pena lembrar, é uma profissional competente, dedicada. Uma mulher que vê valor nos estudos, que busca se aprimorar. Faz sentido alguém com esse perfil não acompanhar tudo o que dizem os professores porque teve de ajudar os colegas?

E vejam só: alguns desses colegas são, em tese, mais experientes e, portanto, mais predispostos a finalizar as suas respectivas obrigações no tempo certo do que ela. Na família, os sucessivos empréstimos de dinheiro à irmã fazem com que ela, literalmente, tenha a renda prejudicada. Sem esse auxílio, ela poderia aplicar o seu dinheiro em fundos que rendem melhor, normalmente aqueles que exigem que o montante investido fique indisponível para a retirada por um tempo.

Por compaixão, Cecília não consegue cobrar juros semelhantes da irmã. No máximo, pede que o valor seja devolvido com uma correção monetária mínima, como a da poupança. Dá para perceber as perdas, o quanto Cecília deixa de ganhar por não saber dizer não?

A escritora, pesquisadora e socióloga Christine Carter tem boas dicas para quem, como Cecília, precisa aprender a dizer não. Em seu artigo "21 Maneiras de 'Dar um Bom Não'"[18] (tradução nossa),

---

18 CARTER, C. Twenty-one ways to "give good no". *Disponível em:* <https://greatergood.berkeley.edu/article/item/21_ways_to_give_good_no> Acesso em: 06 nov. 2019.

ela explica como emitir uma resposta negativa para alguém pode parecer difícil, mas é algo que podemos treinar. Ela divide a tarefa em três etapas:

- **Prepare-se para dizer não:** é muito mais fácil dizer não a um convite quando temos uma razão concreta para fazê-lo — uma maneira de justificar nossa recusa que vá além da vaga noção de que devemos evitar o compromisso em questão. Isso significa que precisamos criar o motivo para dizer não antes de precisar dele. Necessitamos de uma estrutura de tomada de decisão ou de "regras" para nos guiar, para que não tenhamos de agonizar a cada convite.

- **Diga não** *(ponto em que a autora mostra 21 modos de fazê-lo)*: é incrivelmente útil ter maneiras de apenas dizer não. Carter afirma usar principalmente a estratégia de dizer que não pode fazer algo que lhe pedem por "já estar com a agenda reservada".

- **Não olhe para trás:** de acordo com a autora, muitas pesquisas sugerem que, se tomarmos uma decisão de uma forma que nos permita mudar de ideia mais tarde, tendemos a ficar muito menos felizes com a escolha tomada. Portanto, ao dizer não, devemos nos concentrar no resultado positivo da decisão. Por exemplo, se você recusou um convite, em vez de pensar no que perdeu, foque o bem que aquilo lhe trouxe. Troque o arrependimento por não ter ido a uma festa pela consideração de que você está mais descansado por ter ficado em casa.

Carter afirma que no caso dela dizer não é algo difícil, porque odeia a sensação de que está fazendo as pessoas "se sentirem mal" por lhe pedir algo. Por isso, ela diz que é preciso dizer não de uma maneira que não ofenda as pessoas. Por essa razão, segundo ela, dar um "bom não" exige prática.

Agora que vimos um pouco dos benefícios de dizer não, que tal aproveitar e olhar para si mesmo? Você, na sua vida, no trabalho e na família, tem agido de modo parecido com o de Cecília? Vamos avançar na reflexão.

### APRENDENDO A RESPIRAR

Agora chegamos ao Roberto, de 28 anos, lá de Salvador. Você lembra qual era a questão a ser trabalhada no caso dele? O engenheiro não sabe lidar com as suas emoções. Tem "pavio curto" e é agressivo com mais frequência do que o tolerável.

Mesmo contando com qualidades valiosas, como a generosidade, a competência, a integridade e a dedicação, enfrenta problemas de relacionamento no namoro e no trabalho. Com muita regularidade, se desentende com a namorada, o que faz com que o casal perca preciosos momentos dos finais de semana a dois, tentando se acertar. São conflitos por situações pequenas, cotidianas, como a decisão sobre o filme a ser visto no cinema no sábado à noite, por exemplo. No plano profissional, já foi demitido duas vezes após brigas com chefes — foram duas situações desagradáveis. Ninguém se sente confortável após desgastes dessa ordem.

Agora vamos pensar em resultados: na sua opinião, Roberto seria mais feliz se não brigasse tanto com a namorada por coisas pequenas? O casal não tem grandes dilemas, como, por exemplo, ao pensar em casamento no futuro, um querer ter filhos e o outro não. Não votam em candidatos de lados opostos nas eleições e querem a mesma coisa para o futuro: um dia a dia confortável e com equilíbrio entre vida pessoal e trabalho.

Nenhum dos dois é *workaholic*, e eles gostam das mesmas atividades culturais. Mais uma vez: são coisas pequenas que detonam a relação, que roubam deles excelentes momentos a dois. Mas isso pode minar o relacionamento a ponto de essa namorada não querer mais estar ao lado de Roberto — algo que já ocorreu com outras companheiras no passado, aliás. Paciência tem limite. E relacionamentos amorosos devem ser fonte de alegria, crescimento e bem-estar.

No trabalho, para além do impacto emocional das demissões, Roberto pode ter perdido boas oportunidades e contatos. Ele está bem colocado no mercado, é verdade, mas veja que o mundo corporativo não é tão grande assim — até porque ele trabalha numa área muito específica, a de suprimentos agrícolas. Não é impossível que, um dia, algum dos dois ex-chefes de Roberto não tenha palavras gentis para dizer a respeito dele para quem, por acaso, vier pedir alguma referência, pensar nele para ocupar algum cargo incrível.

Quem quer construir uma carreira sólida, bem-sucedida, precisa, sim, de uma reputação positiva, ganhando pontos com elogios e bons depoimentos de ex-superiores e ex-colegas. Não à toa, para que outras pessoas não passem pelo que passa Roberto e evoluam na vida com maior equilíbrio, a previsão é que, até 2020, todas as escolas brasileiras tenham, em seus currículos, conteúdos ligados a habilidades socioemocionais[19]. A mudança está ligada às novas diretrizes da Base Nacional Comum Curricular (BNCC).

Estamos falando de pontos importantes, como a autoconsciência, o autocontrole, a consciência social, as habilidades de construir relações e a habilidade de tomar decisões. Em seu livro "Foco"[20], o psicólogo Daniel Goleman, conhecido por ser o autor de "Inteligência Emocional", relata uma experiência interessante nessa linha, aplicada numa escola da cidade de Nova York, nos Estados Unidos.

O autor descreve o cenário: na sala de aula, ainda em silêncio, professoras levantam palitos de sorvete, um a um, cada qual com o nome de um aluno. Trata-se do sinal para que o menino ou a menina vá até sua mesa e busque seu animalzinho de pelúcia especial, do tamanho de um punho: tigres listrados, um leitão cor-de-rosa, um cachorrinho amarelo, um burrinho roxo. Em seguida, os meninos e as meninas encontram um lugar para

---

19 **MINISTÉRIO DA EDUCAÇÃO (MEC).** *Competências socioemocionais como fator de proteção à saúde mental e ao bullying.* *Disponível em: <http://basenacionalcomum.mec.gov.br/implementacao/praticas/caderno-de-praticas/aprofundamentos/195-competencias-socioemocionais-como-fator-de-protecao-a-saude-mental-e-ao-bullying>. Acesso em: 06 nov. 2019.*

20 **GOLEMAN, D.** *Foco. Rio de Janeiro: Objetiva, 2014.*

se deitar no chão, apoiam o animalzinho em cima da barriga e esperam, com as mãos do lado do corpo. A posição lembra um relaxamento de meditação ou ioga, por exemplo.

A partir daí, eles seguem as instruções de uma voz masculina amistosa que os guia por meio de uma respiração abdominal profunda, enquanto contam para si mesmos — "1, 2, 3" —, inspirando e expirando longamente. Então, apertam e relaxam os olhos, abrem completamente a boca, colocando a língua para fora, fecham as mãos com força e, depois, relaxam uma mão de cada vez. Tudo termina com a voz dizendo: "Agora sente-se e se sinta relaxado". E, quando eles fazem isso, todos parecem estar exatamente assim.

Goleman segue descrevendo a situação na escola infantil. Mais uma sineta toca e, ainda em silêncio, as crianças assumem seus lugares num círculo sobre um tapete. Em seguida, falam sobre o que sentiram durante a meditação. Entre as falas pinceladas das crianças pelo autor, estão frases como: "É gostoso por dentro"; "estou sentindo muita preguiça porque meu corpo ficou calmo"; "fiquei tendo pensamentos felizes".

A ordem com que foi feito o exercício e o foco tranquilo que impera na sala, segundo o psicólogo, tornam difícil acreditar que 11 daquelas 22 crianças são classificadas como tendo "necessidades especiais": problemas cognitivos como dislexia, dificuldades de fala ou surdez parcial, transtorno de déficit de atenção com hiperatividade, e pontos do espectro autista. Vendo tudo isso, somente fica uma dúvida: por que não pensamos nisso antes?

E você, tem alguma dúvida de que a vida do Roberto seria outra se ele tivesse sido ensinado a buscar a calma, como estão sendo orientadas nesse sentido essas crianças? Não haveria mais qualidade de vida nos relacionamentos e no trabalho, caso mais indivíduos fossem treinados a exprimir seus sentimentos?

Fico feliz de que o autocontrole esteja ganhando espaço no Brasil e no mundo, que faça parte do debate em torno da educação das nossas crianças. Sou pai e sei como, no dia a dia, é importante que ajudemos os nossos filhos a lidarem com as suas emoções. Tenho certeza de que vamos entregar ao mundo pessoas melhores do que nós fomos. É assim que o planeta evolui, afinal de contas.

## DE OLHO NA BALANÇA E NOS HÁBITOS

Cada pessoa tem suas questões nesta vida. A de Helena, aos 35 anos, é com a balança. O que significa dizer que também é com a própria saúde, com a autoestima, com o autocontrole, entre outros pontos. A arquiteta ama os calóricos hambúrgueres que ingere, mesmo sabendo que precisa começar a diminuir o seu consumo para que não desenvolva problemas mais sérios, relacionados à obesidade.

No caso dela, as perdas podem ser traduzidas como falta de qualidade de vida ou de bem-estar, mas, em última instância, suas atitudes podem até mesmo ameaçar sua própria vida — uma vez que, sabidamente, a soma de um cardápio repleto de gordura e o sedentarismo pode acarretar doenças graves e até fatais. E, veja, Helena é uma pessoa inteligente e esclarecida, com uma vivência bastante rica.

Trocando em miúdos, Helena precisa é de algo bastante difícil para a maioria das pessoas: quebrar um hábito ruim. Difícil, mas, segundo especialistas, nada impossível. De acordo com o artigo "3 Etapas Simples para Quebrar Maus Hábitos"[21] (tradução nossa), a psiquiatra Susan Jaffe e os psicólogos James Claiborn, Patricia Farrell e Janet Wolfe explicam que qualquer pessoa pode deixar de fumar ou de roer as unhas, por exemplo, se seguir alguns passos:

◆ **Torne o hábito consciente:** a primeira coisa é descobrir quando e por que você se envolve com qualquer mau hábito. Se você perceber quando estiver fazendo isso e sob que circunstâncias, e quais sentimentos estão ligados a esse mau hábito, poderá descobrir por que está praticando-o, e parar.

◆ **Anote o hábito para vencê-lo:** registre-o. Isso ajudará você a estabelecer uma linha de base. Anote os antecedentes, as emoções que envolvem o hábito e o que passa pela sua cabeça quando o pratica. Isso o tornará mais consciente de seu mau hábito. Mantenha o registro por pelo menos uma semana. O próximo passo é analisar os dados e verificar quais são os gatilhos usuais para o mau hábito.

◆ **Substitua o hábito:** depois que você perceber quando e por que está adotando o mau hábito, encontre um substituto temporário ou permanente para ele, mas não tão nocivo

---

21 MANN, D. *Three easy steps to breaking bad habits.* Não paginado. Disponível em:<https://www.webmd.com/balance/features/3-easy-steps-to-breaking-bad-habits#1>. Acesso em: 06 nov. 2019.

ou irritante. Se você for um roedor de unhas, tente mascar chiclete. Meditação também é indicada para mandar um mau hábito embora. Outra tática envolve colocar um elástico em volta do seu pulso. Toda vez que você perceber que está praticando um mau hábito, puxe o elástico para trás e solte-o para criar um desconforto.

As dicas acima são úteis para o caso de Helena e para qualquer um que esteja incomodado com um hábito e deseje largá-lo. Fica a orientação e a reflexão. Agora, vamos à nossa última escala, em Belém do Pará, onde Marcos tenta fazer sua lanchonete decolar, mas tem como principal barreira para que isso aconteça a sua própria maneira de pensar.

### A ARTE DE SER CABEÇA-DURA

Quem frequenta a lanchonete de Marcos, na capital paraense, sabe que o local tem um potencial imenso. A comida é deliciosa, e os sucos com frutas locais se destacam. Porém, a falta de uma melhor divulgação torna o negócio subaproveitado. E por mais que amigos e familiares já tenham buscado alertar o empreendedor, dos modos mais variados, para essa questão, não há nada que pareça convencê-lo da necessidade de investir nisso.

"Teimoso" parece ser elogio para ele. Com isso, acaba por perder rendimentos, pois poderia ter mais clientes, e se desgasta com quem tenta aconselhá-lo a mudar de estratégia. Mas, afinal, como é que alguém consegue mudar a forma de pensar? No caso de Marcos, com seus 55 anos, isso já vem de algumas décadas.

Minda Zetlin, escritora e palestrante em tecnologia de negócios, tem algumas dicas. Em seu artigo "Deseja Mudar sua Personalidade? Veja Como, de Acordo com a Ciência"[22] (tradução nossa), ela explica, com base em diversas pesquisas, como alguém pode realmente se tornar mais disciplinado, mais extrovertido ou mais aberto, por exemplo. As orientações de Zetlin são:

- Tenha um objetivo concreto, ou seja, saiba o que você quer;
- Tenha um plano – o que significa saber como chegar ao que quer;
- Seja específico. Quanto menos abstrato o caminho, melhor;
- Seja realista. Não tente o impossível, pois não dará certo;
- Seja paciente. Todos mudam com o tempo. Não se afobe.

São orientações práticas, que servem para o Marcos e para você também. Agora que sabemos o que cada um dos nossos personagens perde com suas características e temos um bom ponto de partida com as dicas que analisamos, podemos seguir adiante. Nos próximos capítulos, veremos quais problemas e consequências as atitudes equivocadas desses cinco podem proporcionar, e quais são os antídotos possíveis para mudar esse cenário. A trilha para o desenvolvimento deles e para o seu está apenas começando. Coloque um calçado confortável e vamos adiante.

---

22 ZETLIN, M. *Want to change your personality? Here's how, according to science.* Disponível em: <https://www.inc.com/minda-zetlin/want-to-change-your-personality-heres-how-according-to-science.html>. Acesso em: 06 nov. 2019.

# CAPÍTULO 3
## ESTRATÉGIA PARA O FRACASSO

## ESTRATÉGIA PARA O FRACASSO

Costumo dizer que as pessoas têm estratégia para tudo nesta vida, até para se danar. E executam isso com perfeição. Mas, ao conseguir "seu objetivo", ou seja, ao se danar, reclamam. Veremos, por meio das histórias de nossos personagens, como cada característica deles implica uma série de consequências. O que será que acontece com eles por não mudarem? Já parou para pensar o que ocorre na sua vida quando você insiste em fazer as mesmas coisas, do mesmo jeito, sabendo que está numa rota equivocada?

Vamos verificar como as atitudes mentais de Fernando, Cecília, Roberto, Helena e Marcos têm sido verdadeiras armadilhas para suas vidas. Pior: no fundo, cada um deles sabe que precisa adotar outras formas de ser, de pensar, de agir. E no seu caso? Reflita sobre algo que você faz atualmente e de que tem plena consciência de que não lhe ajuda – algo que, pelo contrário, acaba sendo uma verdadeira âncora para o seu desenvolvimento.

Para ajudá-lo nessa tarefa e dar a você algumas ideias de por onde começar uma análise pessoal, vejamos como cada um dos nossos personagens está se saindo. Desta vez, porém, vamos alterar um pouco a ordem das coisas. Comecemos pelo Marcos, nosso empreendedor de mente fechada. Afinal, se estamos falando repetidamente sobre a importância da mudança, não convém seguir fazendo tudo sempre igual, não é mesmo?

**A CHAPA ESQUENTA**

Pessoas como Marcos, que claramente têm um problema para mudar a forma de pensar, às vezes sabem que deveriam buscar meios para evoluir. No entanto, muitas delas não têm a mínima ideia de qual caminho percorrer ou por onde deveriam começar. Apesar de não admitir isto a ninguém, nosso empreendedor tem certa consciência de que sua atitude mental tem sido incorreta no que se refere à divulgação da sua lanchonete. Porém, sempre que pensa um pouco no assunto, acaba num labirinto sem saída, pois não enxerga como poderia agir de outro modo.

Você conhece alguém que pensa assim há tempos e espera que seus resultados melhorem – é claro, sem sucesso? Talvez isso ocorra com alguém bastante próximo ou até com você mesmo. Bom, se esse for o caso, veja o que Angelina Zimmerman, especialista em mentalidade, tem a dizer. Em seu artigo "Mude para uma mentalidade de crescimento com oito estratégias poderosas"[23] (tradução nossa), ela fornece um passo a passo para quem busca o desenvolvimento. Eis suas dicas para mudar o modo de pensar para algo mais eficiente:

- Crie uma nova crença convincente e acredite em seus talentos para se aprimorar;
- Veja falhas sob um ângulo diferente e aprenda com seus erros;
- Compreenda plenamente seus principais pontos fortes e fracos;

---

[23] ZIMMERMAN, A. *Shift to a growth mindset with these 8 powerful strategies.* Disponível em: <https://www.inc.com/angelina-zimmerman/the-8-tremendous-ways-for-developing-a-growth-mindset.html>. Acesso em: 06 nov. 2019.

- Torne-se um aprendiz curioso, como as crianças o são;
- Encare desafios como trampolins para alcançar objetivos;
- Amar o que você faz vai ajudá-lo a chegar ao topo;
- Desistir não faz parte do vocabulário dos vencedores;
- Inspire-se em quem alcançou o sucesso.

Convenhamos que se Marcos, ou qualquer pessoa que queira genuinamente mudar de mentalidade, aplicar o que está presente nessa lista, as chances de ser bem-sucedido em suas pretensões aumentam consideravelmente. Mas deixemos nosso empreendedor refletindo sobre essas lições e vamos até Curitiba, ver como Helena está se saindo.

## MAU HÁBITO COM MOSTARDA E KETCHUP

Sejamos justos: antes de sofrer o acidente na estrada que a deixou entre a vida e a morte, Helena já estava um pouquinho acima do peso. No entanto, ela não comia de uma forma compulsiva, como tem feito mais recentemente. É como se o trauma por quase ter morrido tivesse abalado de forma contundente seu autocontrole. De certo modo, antes da batida com o carro, ela se considerava uma pessoa disciplinada.

Agora, no entanto, ela vem sendo diariamente superada por seus hábitos. E, o que é pior, por seus maus hábitos. Também tem demonstrado uma dificuldade absurda para adotar novas rotinas que a aproximem do que ela quer ser: uma pessoa mais saudável. Por mais que tente, Helena não consegue quebrar rotinas atuais e estabelecer novas. Com isso, parece que sua vida travou, como o velocímetro do carro que ela dirigia e bateu em um poste.

Em artigo para o jornal The New York Times, intitulado "O Segredo Açucarado do Autocontrole"[24] (tradução nossa), Steven Pinker, professor de psicologia do Harvard College, analisa o livro "Força de Vontade – a Redescoberta do Poder Humano", do psicólogo Roy Baumeister e do jornalista John Tierney. Segundo Pinker, desde que Adão e Eva comeram a maçã ou a cigarra cantava enquanto a formiga guardava comida, pessoas lutam para ter autocontrole.

De acordo com ele, no mundo de hoje, essa virtude é ainda mais vital, porque agora que os flagelos da natureza foram domados de forma ampla, a maioria dos nossos problemas é autoinfligida. Há quem coma, beba, fume ou jogue em excesso, que estoure o limite do cartão de crédito, e quem caia em contatos perigosos e se torne viciado em cocaína ou até em seu *smartphone*. Trata-se, portanto, de uma verdadeira epidemia da compulsão.

Em seu livro, Baumeister mostra que o autocontrole, embora herdável em parte, pode ser fortalecido com exercício. Um experimento com estudantes mostrou que aqueles que tiveram sua força de vontade treinada se tornaram mais resistentes e apresentaram maior autocontrole. Após algumas semanas, fumaram, beberam e comeram menos, assistiram menos à televisão, estudaram mais e lavaram mais pratos que seus pares.

---

24 PINKER, S. ***The sugary secret of self-control.*** *Disponível em:* <https://www.nytimes.com/2011/09/04/books/review/willpower-by-roy-f-baumeister-and-john-tierney-book-review.html>. *Acesso em:* 06 nov. 2019.

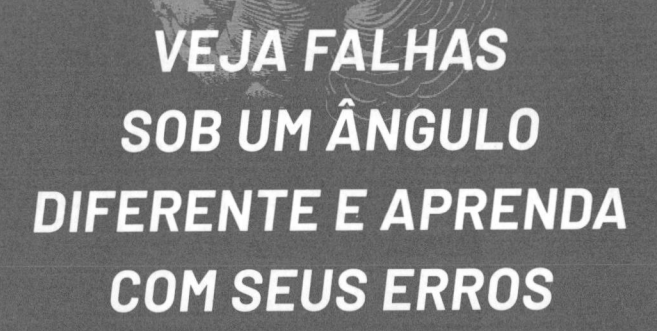

**VEJA FALHAS SOB UM ÂNGULO DIFERENTE E APRENDA COM SEUS ERROS**

### RELACIONAMENTOS EM CURTO-CIRCUITO

Se Marcos precisa rever seu relacionamento com seus próprios pensamentos, e Helena, com seus hábitos, Roberto deve urgentemente reavaliar como se relaciona com as pessoas. Típica pessoa chamada de "cabeça-quente", o engenheiro explode por coisas banais, o que já lhe custou dois empregos e o fim de alguns namoros. Pior: sua atual namorada já considera "demiti-lo" da vida dela, caso o esquentadinho não tome um rumo.

Quem tem dificuldade para controlar suas emoções, como é bem o caso do Roberto, encara uma montanha-russa de sentimentos, o que impacta seus pensamentos e suas ações. Com isso, muitas vezes "sobra" para quem estiver à volta. Só que ninguém aguenta por muito tempo ser saco de pancadas de alguém instável, certo? Daí, chefe, namorada, amigo pode até dar uma segunda chance, mas uma hora isso se esgota.

Indivíduos estressados por natureza precisam adotar técnicas para lidar com essa fraqueza. Em seu site, a Associação Americana de Psicologia apresenta dicas práticas[25] de como alguém pode aliviar sua raiva antes de "explodir". Confira algumas das orientações para quem não quer ser completamente dominado por sentimentos raivosos:

- ◆ **Relaxe:** ferramentas como a respiração profunda ou o uso de imagens relaxantes podem ajudar a acalmar sentimentos de

---

[25] AMERICAN PSYCHOLOGICAL ASSOCIATION (APA). *Controlling anger before it controls you.* Disponível em: <https://www.apa.org/topics/anger/control>. Acesso em: 06 nov. 2019.

raiva. Existem livros e cursos com técnicas que podem ser evocadas em qualquer situação.

- **Exercite-se:** movimentos lentos, mas sem esforço, podem relaxar os músculos e fazer você se sentir muito mais calmo.
- **Pense diferente:** quando você está com raiva, seu pensamento pode ser muito exagerado e dramático. Tente substituí-lo por outros pensamentos mais racionais.
- **Use a lógica:** ela derrota a raiva, porque a raiva, mesmo quando justificada, pode rapidamente se tornar irracional. Portanto, use lógica dura e fria consigo mesmo.
- **Solucione problemas:** há uma crença de que todo problema tem solução, e isso aumenta nossa frustração ao descobrirmos que nem sempre é assim. A melhor atitude, então, não é se concentrar na solução, mas em como você lida com o problema.
- **Melhore a comunicação:** pessoas com raiva tendem a tirar conclusões precipitadas — e algumas delas podem ser muito imprecisas. A primeira coisa a fazer se você estiver em uma discussão acalorada é desacelerar e refletir sobre suas respostas.

Lembre sempre que ficar com raiva não vai consertar nada e não fará você se sentir melhor. Muito pelo contrário, tal sentimento pode realmente fazer você se sentir pior. Fica a lição para você e para o Roberto — mas agora é hora de ver como a Cecília está lidando com sua incapacidade de dizer não. E entender as consequências disso.

## NEGATIVA QUE VALE OURO

Já vimos um pouco de como Cecília acaba sofrendo por não saber se posicionar. Seu ponto fraco é não conseguir expressar sua vontade aos outros. E, de certa maneira, muita gente que a conhece se aproveita disso, e ela acaba soterrada de pedidos que tenta atender. Sente-se como se estivesse sempre enxugando gelo. Na verdade, ultimamente é como se estivesse tentando secar um iceberg inteiro com um guardanapinho. O resultado disso, como não poderia ser diferente, é que a jovem vive esgotada.

Saber se comunicar é uma verdadeira arte. Algo valioso. Em seu livro *How to Say What You Mean* ("Como dizer o que você quer dizer", em uma tradução livre), a palestrante e escritora Norma Michael distribui excelentes lições[26] para quem deseja aprimorar a forma de se comunicar. Uma importante técnica presente na obra diz respeito a alguns detalhes que muita gente pode ignorar, mas que fazem a diferença para quem fala e para quem ouve.

A autora ensina que é preciso se expressar de uma maneira envolvente, uma vez que a monotonia não é agradável ao ouvido. Cecília, por exemplo, poderia adotar tal orientação para ser mais assertiva e deixar claro que não está 100% do tempo disponível para todo mundo que a procura. Ainda segundo Norma Michael,

---

26 MICHAEL, N. *How to say what you mean: a guide to effective communication for people at work*. Singapore Institute of Management: Singapura, 1988. Disponível em: <https://books.google.com.br/books/about/How_to_Say_what_You_Mean.html?id=e_puHAAACAAJ&redir_esc=y>. Acesso em: 06 nov. 2019.

os bons comunicadores tentam usar todas as cores da sua paleta vocal. Veja outras dicas importantes do livro:

- Eleve a entonação e o volume ao mudar de assunto;
- Eleve o volume e fale devagar quando chegar a um ponto-chave ou à síntese de uma exposição;
- Quando você for fazer um convite à ação, fale de forma mais energética e pausadamente, para enfatizar as palavras mais importantes.

Convenhamos que se Cecília passasse a usar essas instruções, ou seja, se buscasse mudar sensivelmente a forma como se comunica com as pessoas ao redor, provavelmente não estaria com uma lista de afazeres gigantesca como a que tem atualmente. Como ela tem apenas 19 anos, tem muito o que aprender ainda, claro.

E você, tem dificuldade de dizer não aos outros, como nossa jovem personagem? Ou será que nem se deu conta disso ainda? Pois saiba que seja qual for a sua idade, nunca é tarde para buscar mudar para melhor. O desenvolvimento pode ser iniciado em qualquer dia, a qualquer hora. Portanto, não deixe para amanhã. Comece já!

Por falar em começo, vamos terminar este capítulo visitando o Fernando, nosso personagem que nunca sabe direito por onde começar seu dia, por querer fazer tudo ao mesmo tempo. Será que neste momento ele está trabalhando, pintando o banco da casa dele ou brincando com o cachorro do vizinho? Vamos conferir.

## MANUAL DA ROTINA CAÓTICA

Nesta manhã, Fernando teve sucesso em driblar o cachorro e se segurou para não pintar o banco. Porém, em vez de trabalhar na campanha que precisa entregar com urgência para um cliente, até porque está atrasado em relação ao prazo estipulado, passou horas numa discussão sem fim com a mulher, que se disse bastante insatisfeita com diversas atitudes dele. Foi obrigado a ouvir dela "acusações" como: "Você é uma pessoa sem comprometimento"; "você é um egoísta que não pensa na família, apenas em você"; "você não tem propósito."

Por fim, escutou uma espécie de ultimato da mãe de seus dois filhos: ou ele muda o jeito de ser ou eles acabam se separando. Fernando ficou surpreso. De certa maneira, ele nunca imaginou que sua forma de ser incomodasse tanto a mulher. Claro, ela já havia se queixado do modo dispersso com que ele conduz seu cotidiano. Porém, ele sempre acreditou que era uma implicância normal dela — algo que entre um casal pode ser considerado "do jogo". Só nesta discussão é que Fernando percebeu que seu time estava ameaçado de rebaixamento.

A raiz do problema é que sempre que Fernando estabelece uma meta, seja pessoal, seja profissional, ele acaba por não a alcançar, pois se afoga em tarefas secundárias, em decorrência da sua falta de foco. No fim das contas, parece até uma forma de autossabotagem.

Conhece alguém que seja assim? Aquele tipo de pessoa que vive fazendo listas e mais listas de objetivos que pretende realizar, mas o papel amarela (ou, no digital, vira só mais um arquivo entre muitos), e nada daquilo se concretiza? Olhando assim, parece uma bobeira. Mas como estamos vendo no caso do Fernando, que é idêntico ao de tantas outras pessoas, a situação ganha contornos mais graves.

Em um artigo[27] sobre o assunto, o blogueiro Tom Ewer, fundador do site Leaving Work Behind, afirma que definir metas eficazes, que darão a você uma boa chance de sucesso, não é muito difícil. Mas gerar o tipo de motivação que lhe forneça o combustível necessário para atingir seus objetivos pode ser considerado algo bastante difícil.

E é por isso que, segundo Ewer, a motivação tem sido um tema central em todo guia de definição de objetivos. É a chave do sucesso. Com isso em mente, ele orienta sobre o processo a ser executado por alguém que queira definir e alcançar metas. A pessoa deve:

◆ Entender o esforço necessário para a realização de seus objetivos, bem como seu potencial resultado benéfico;

◆ Ser capaz de dividir seus objetivos em tarefas gerenciáveis, de modo que possa concluir uma etapa de cada vez;

---

27 EWER, T. *How to Set Goals and Motivate Yourself to Actually Achieve Them.* Disponível em: <https://leavingworkbehind.com/how-to-set-goals/>. Acesso em: 06 nov. 2019.

- Revisar seus objetivos regularmente e lembrar-se de por que está fazendo o que está fazendo;
- Manter-se responsável.

De acordo com Ewer, essas são as quatro etapas cruciais que um indivíduo deve seguir para alcançar seus objetivos com sucesso. Portanto, nenhuma delas deve ser negligenciada.

Nosso capítulo termina aqui; demos mais um passo importante em nosso trajeto para a evolução almejada. Você, assim como Marcos, Helena, Roberto, Cecília e Fernando, ou qualquer outra pessoa, já são vitoriosos por chegar até aqui. Mas há muito mais conquistas à nossa espera. Pausa rápida para respirar. Vejo você na estrada!

> *"Afinal, se estamos falando repetidamente sobre a importância da mudança, não convém seguir fazendo tudo sempre igual, não é mesmo?"*

# CAPÍTULO 4
## NÃO ERRE POR 10 MIL HORAS SEGUIDAS

## NÃO ERRE POR 10 MIL HORAS SEGUIDAS

"Insanidade é fazer a mesma coisa repetidamente e esperar resultados diferentes." Faça um teste e você verá: em nove entre dez páginas da internet em que achar essa frase, vai vê-la creditada ao físico alemão Albert Einstein (1879-1955), embora ele nunca tenha dito isso nem nada parecido[28]. De acordo com informações do site *Quote Investigator*[29], especializado em checar as origens e fontes de citações, o primeiro registro desse pensamento, da forma como está escrito na primeira linha deste capítulo, é de 1981.

Em outubro daquele ano, a frase estava em um jornal do Tennessee, nos EUA, em um texto sobre uma reunião da Al-Anon, uma organização de apoio a famílias de alcoólatras. Ela teria sido dita por um dos participantes do encontro. Um mês depois, a frase também surgiu impressa em um panfleto dos Narcóticos Anônimos[30]. Dali em diante, foi creditada a outras pessoas, até chegar a Einstein e se reproduzir via meios digitais, de modo exponencial.

Mas, embora a história da origem da sentença seja controversa, sua essência se aplica ao que quero dizer aqui. Seus resultados são consequência direta das suas ações. Portanto, a ideia

---

28 CALAPRICE, A. *The ultimate quotable Einstein.* Princeton: Princeton University Press, 2013.

29 QUOTE Investigator. *Insanity is doing the same thing over and over again and expecting different results.* Disponível em: <https://quoteinvestigator.com/2017/03/23/same/>. Acesso em: 06 nov. 2019.

30 NARCOTICS ANONYMOUS. *World service conference of Narcotics Anonymous.* Disponível em: <http://www.nauca.us/wp-content/uploads/2015/04/1981-11-Basic-Text-Approval-Form-White.pdf>. Acesso em: 06 nov. 2019.

presente na frase vale para os nossos cinco personagens e para qualquer pessoa. Sem mudança, os resultados não se alteram. E me refiro não só a mudanças de comportamento, mas também de pensamentos, sentimentos, hábitos etc. Faça as mesmas coisas que faz hoje e se prepare para colher exatamente o que sempre tem colhido.

Isso nos leva a outra questão: cometa os mesmos erros de ontem ou de hoje no amanhã e você certamente obterá as mesmas consequências com as quais convive na atualidade. Em "Foco"[31], o psicólogo Daniel Goleman dedica um capítulo inteiro para dissecar a famosa "regra das 10 mil horas", segundo a qual o segredo do sucesso em qualquer área seria se dedicar a um treinamento ao longo desse tempo — o equivalente a seis horas diárias, de segunda a sábado, durante cinco anos.

Segundo Goleman, apesar de a regra ter sido difundida como uma verdade, replicada em uma infinidade de sites e cursos, trata-se de um mito. Vejamos: imagine que alguém treine um fundamento de futebol, como chute ao gol, mas comete sempre os mesmos equívocos toda vez que acerta a bola. Pois 10 mil horas desse erro não irão aperfeiçoar sua técnica. Essa pessoa seguirá sendo um chutador medíocre ou ruim; estará apenas cinco anos mais velho, após treinar as tais 10 mil horas.

O próprio Anders Ericsson, psicólogo da Universidade Estadual da Flórida e um dos pesquisadores que se dedicou a estudar o

---

31 GOLEMAN, D. *Foco*. Objetiva: Rio de Janeiro, 2014.

grau de técnica que alguém adquire após aplicar a regra de 10 mil horas, conta no livro de Goleman que ninguém se beneficia da simples repetição mecânica, mas sim de ajustar a sua execução várias vezes, até chegar próximo do seu objetivo. É preciso regular o sistema ao forçá-lo, abrindo espaço para mais erros no início, aumentando seus limites.

Ericsson defende que o segredo da vitória é um treino predeterminado, em que a pessoa seja guiada por um técnico especialista ao longo de um treinamento bem-planejado, que dure meses ou anos, a que o indivíduo se dedique com concentração total. Assim, horas e mais horas de treino são necessárias para um excelente desempenho, mas, por si sós, não são suficientes. Uma prática inteligente sempre inclui um esquema de *feedback*, que permita reconhecer erros e corrigi-los. O ideal é que esse retorno venha de alguém com olhar de especialista. Quem pratica sem isso não chega ao topo. O *feedback* e a concentração importam, não somente as horas de prática.

Mas talvez você esteja pensando: "tá, Sulivan, tudo muito legal, mas e daí?" Bom, é hora de chamar nossos companheiros nessa jornada rumo ao desenvolvimento: Cecília, Helena, Fernando, Roberto e Marcos. Vamos avaliar quais são os resultados de cada um deles na atualidade, para entender a relação entre "fazer a mesma coisa sempre" e "esperar que as consequências disso sejam diferentes". Desta vez, vamos começar pelas mulheres.

## DIGA "SIM" PARA A REPROVAÇÃO

Será que a jovem Cecília irá conseguir concluir seus estudos? Aos 19 anos, ela está no terceiro ano do curso de Design Gráfico. Estudante sempre dedicada, obteve notas ruins nos últimos trabalhos e provas simplesmente porque não tem dado conta das tarefas paralelas que vem abraçando. Como não consegue deixar de atender quem a procura pedindo algo, seja a irmã, seja um colega de trabalho ou alguém da classe dela, acaba soterrada por afazeres. Com isso, tem deixado suas obrigações em segundo plano. E a conta chegou.

Primeiro, foi um teste simples que ela entregou quase todo em branco. Por mais banais que fossem as perguntas, ela não sabia o que responder, uma vez que "não teve tempo" para estudar. Depois, veio um trabalho mais importante, que valia uma parcela considerável da nota do semestre. Ela o entregou de qualquer jeito, pois o fez às pressas. E isso foi se repetindo com uma disciplina após a outra. Os professores, que sabem se tratar de uma garota inteligente e aplicada nas aulas, ficaram sem entender.

Alguns, mais próximos, a chamaram para conversar, mas ela lhes deu uma resposta evasiva. Ficou com vergonha de dizer que não tivera tempo para ler os conteúdos. Não quis passar a imagem de uma pessoa desleixada. Aliás, se tem alguém que sempre prezou por ser organizada, é a Cecília. Desde pequena, sempre gostou de manter as coisas em ordem, sob controle. Porém, ao entrar na adolescência, começou a querer agradar os outros.

Especialistas afirmam que ser submisso, como Cecília tem se mostrado ao mundo, pode ser muito desgastante para quem adota esse comportamento. Em *O Livro do Não: 365 maneiras de dizer não – pra valer – e parar de querer agradar a todo mundo*[32], a psicóloga social Susan Newman trata do assunto que tem atormentado Cecília e tantas outras pessoas. Na obra, a autora reflete sobre o hábito debilitante de dizer "sim" para tudo e propõe sua quebra, por meio de técnicas, cenários e ideias simples. Segundo ela, o objetivo é saber como lidar com familiares, amigos e colegas de trabalho, e até com vendedores insistentes. A psicóloga destaca alguns pontos, que ela explora nos capítulos, e que podem ajudar as pessoas a identificar se estão querendo agradar demais aos outros. Confira alguns deles:

- Você é capaz de reconhecer quando alguém o manipula para que você diga "sim"?
- Você consegue evitar ficar supercomprometido e sobrecarregado?
- Você se sente ressentido, com raiva ou culpa por dizer "sim" aos outros?
- Você sabe usar palavras ou técnicas quando precisa recusar algo?
- Você encontra e reserva tempo para o que você quer fazer?

---

32 NEWMAN, S. *The book of no: 365 ways to say it and mean it – and stop people-pleasing forever (updated edition).* Nova York: Turner Publishing Company, 2017. (Nota: há uma versão do livro em português, mas de uma edição anterior: O livro do não: 250 maneiras de dizer não – pra valer – e parar de querer agradar a todo mundo. São Paulo: Cultrix, 2007).

- Você consegue desfrutar seu tempo com amigos e familiares?
- Você estabelece limites, é focado e eficaz no trabalho?

Como podemos notar, para Cecília esse livro seria mais do que uma bênção — que, de preferência, ela deveria ler o quanto antes, uma vez que os resultados dela estão sendo diretamente destruídos pelos seus comportamentos de submissão. Mas, por ora, vamos deixá-la com suas questões. Seguindo em nossa rota rumo ao desenvolvimento, vamos fazer um pouso em Curitiba, onde Helena acaba de voltar da nutricionista que a acompanha. Como será que ela tem se saído?

## O PESO DOS MAUS HÁBITOS

Helena está chorando. Acaba de deixar o prédio onde esteve com sua nutricionista. Acordou convicta de que teria um dia bom, pois acreditava que havia conseguido perder os dois quilos com que havia "se comprometido" na penúltima consulta, um mês antes. No entanto, a balança mostrou outra coisa, muito diferente. A arquiteta não só fracassou na meta de ficar dois quilos mais leve como também conseguiu engordar outros três quilos. E de nada adiantou ela argumentar que a balança da nutricionista poderia estar "com defeito". Ainda levou bronca.

Agora, ela está um pouco mais calma. Respirou e tentou lembrar as vezes que acabou não seguindo a dieta que lhe foi passada. "Poxa", ela pensou, "devem ter sido no máximo duas ou três vezes que cedi aos hambúrgueres. Mas tenho trabalhado tanto! Ninguém é de ferro." Sim, Helena, somos de carne e osso, mas a sua memória não está lhe ajudando. Afinal, foram ao menos quatro vezes por semana que você ignorou o regime proposto. Daí, não tem meta que possa ser cumprida. E semana que vem tem retorno com o cardiologista.

E não adiantou nada você ter saído da nutricionista e, chateada, decidir parar na primeira lanchonete para tomar um delicioso, mas muito calórico, milk-shake, com direito a cobertura de chocolate. Só de pensar, até eu estou me sentindo mais gordo.

Mas o peso na balança pode ser considerado apenas a ponta do iceberg. Muito além da estética, existem sérias questões de saúde envolvidas no acúmulo de gordura, como todos sabemos. Perder peso implica mudar hábitos, que têm sido o calcanhar de aquiles de Helena.

O site *The Healthy* compilou dicas interessantes, a partir de orientações de especialistas, na publicação "Maneiras de Perder Peso: 36 Dicas Rápidas e Fáceis"[33] (tradução nossa). Na lista, fica claro que a manutenção de um peso considerado saudável envolve mudar hábitos, o que, convenhamos, não é algo simples nem fácil. Por exemplo, é comprovado que quem consegue manter um diário alimentar, registrar aquilo que está comendo, tende a consumir menos comida do que quem não faz isso. Você tem esse nível de organização?

---

[33] The Health. *Ways to Lose Weight: 36 Fast, Easy Tips.* Disponível em: <https://www.thehealthy.com/weight-loss/ways-to-lose-weight/>. Acesso em: 06 nov. 2019.

A publicação traz um alerta para os cuidados com os finais de semana. Estudos indicam que as pessoas tendem a consumir 115 calorias extras por dia, tanto no sábado quanto no domingo, principalmente em álcool e gordura. Isso significa um ponto a mais para quem consegue manter a disciplina e não mergulhar demais nos excessos. A relação entre alimentação e outros hábitos fica ainda mais clara ao vermos que um levantamento constatou que quanto mais assistimos à TV, mais comemos. E mais escolhas prejudiciais são feitas no quesito comida.

Já outra pesquisa descobriu que comer de frente para espelhos reduzia a quantidade do que as pessoas ingeriam em quase um terço. Ter de olhar nos próprios olhos reflete de volta alguns dos seus padrões e objetivos internos e lembra-lhe o motivo pelo qual você está tentando perder peso. Isso, afinal, demonstra como somos os nossos maiores vigilantes quando conseguimos desenvolver nossa autoconsciência.

Helena, no entanto, ainda não está nesse nível. Vamos deixá-la terminar seu milk-shake e ver como está o Fernando, nosso especialista em deixar tudo para a última hora.

## PHD EM PROCRASTINAÇÃO

A dor de estômago de Fernando não passa. Efeito colateral das quatro canecas de café que ele jogou goela abaixo durante a madrugada, na tentativa de se manter acordado para terminar um trabalho que precisava entregar. No fim, o resultado ficou bastante fraco. E ele sabe disso. O cliente, pelo jeito, também percebeu. Tanto que solicitou que o trabalho seja refeito o quanto antes. E Fernando agora tem pouco tempo e muito sono. Talvez nem oito canecas de café consigam afastar o cansaço. Para completar, o estômago do publicitário está irritado.

Mas isso talvez seja o menor dos problemas dele hoje. A mulher, que vinha sinalizando sua insatisfação com ele havia meses, disse que vai pegar as crianças e ficar uns dias na casa da mãe dela, no interior de São Paulo. Tudo porque Fernando se esqueceu de pagar a conta de luz (novamente, pois o mesmo já havia ocorrido no mês anterior), e a companhia cortou o fornecimento. Improvisar banhos para as crianças logo cedo, aquecendo água no fogão, foi, literalmente, a gota d'água para ela. "Assim não dá para continuarmos, Fernando!" — ela esbravejou. "Você não consegue se comprometer com nada..."

Fernando ameaçou responder algo, mas achou mais sábio ficar em silêncio. "Meu Deus, quem nunca se esqueceu de pagar uma conta na vida? Ou, sei lá, duas contas?", ele pensou, sentindo-se um pouco injustiçado. Na visão dele, a mulher estava com uma ideia fixa e passou a se queixar de coisas banais. Vinha dizendo que ele deixava tudo para a última hora. Que se enrolava com tarefas simples e deixava a família e, mais recentemente, o trabalho em segundo plano. "Todo mundo tem sua má fase, afinal", ele dizia para si.

Do que Fernando não se dava conta é que a mulher tinha razão. Ele estava perdido, se afogando em sua falta de foco. E todo o restante, como o casamento e a carreira, ameaçava afundar também. Precisava urgentemente se organizar e tomar as rédeas de sua vida. Mas como?

Zachary Domes, fotógrafo e programador web que vive no sul da Califórnia, nos EUA, escreveu um artigo interessante no site *Lifehack*, voltado a cursos e à divulgação de conteúdos relacionados ao desenvolvimento pessoal. Em "Como organizar sua vida: 10 hábitos de pessoas realmente organizadas"[34] (tradução nossa), Domes lista alguns pontos que fazem as pessoas se destacarem quando o assunto é administrar as tarefas do cotidiano com ordem, método e disciplina. O autor defende que as pessoas realmente organizadas não nasceram assim. Elas precisaram cultivar hábitos saudáveis, que depois as ajudaram a permanecer organizadas. Portanto, segundo ele, mesmo que alguém se considere uma pessoa muito desorganizada, pode aprender a se organizar.

Isso passa por planejar, anotar coisas e até abandonar o que for desnecessário. Domes afirma que qualquer indivíduo pode se tornar organizado, se estiver disposto a aprender e praticar. Confira os hábitos essenciais para organizar a vida, segundo ele:

- **Escreva as coisas:** não confie na memória. Anote tudo, em papel ou meio digital: listas de compras, presentes de aniversário e datas importantes, como as de reuniões.

---

[34] DOMES, Z. *How to organize your life: 10 habits of really organized people.* Disponível em: <https://www.lifehack.org/articles/productivity/how-organize-your-life-10-habits-really-organized-people.html>. Acesso em: 06 nov. 2019.

- **Siga horários e prazos:** pessoas organizadas não perdem tempo. Elas mantêm horários para o dia e a semana, estabelecem prazos e metas, e cumprem-nos.

- **Não procrastine:** quanto mais você esperar para fazer algo, mais difícil será fazê-lo. Se quer uma vida menos estressante, organize-se o mais rápido possível.

- **Dê a tudo um lar:** vida organizada significa ter as coisas nos devidos lugares. Pessoas organizadas mantêm a ordem armazenando tudo adequadamente.

- **Organize regularmente:** encontre tempo a cada semana para organizar. O material não fica organizado sozinho; é preciso reorganizá-lo de forma contínua e consistente.

- **Mantenha só aquilo de que você precisa:** quem vive de modo organizado mantém só aquilo de que precisa e que quer. Ter menos coisas significa que você gosta mais delas.

- **Saiba onde descartar itens:** faça o que puder para se livrar das coisas a mais. Doe-as para brechós. Venda-as na internet ou para amigos. Configure uma venda de garagem.

- **Fique longe de pechinchas:** em vez de adquirir pechinchas sem planejar com antecedência, anote exatamente aquilo de que você precisa e compre apenas esses itens.

- **Delegue responsabilidades:** uma vida organizada não está cheia de reuniões e prazos. Observe sua lista de tarefas e encontre algo que você possa passar a outra pessoa.

◆ **Trabalhe duro:** faça um pouco de esforço, e um grande esforço quando necessário. Ao montar um cronograma, organize o que precisa fazer e quando poderá fazê-lo.

Se o Fernando ou qualquer outra pessoa com problema de se organizar adotar essa lista, certamente terá um ganho de produtividade e qualidade de vida, a partir de um dia a dia com menos estresse e pressão de prazos, responsabilidades e tarefas infindáveis. Mas deixemos um pouco o caos de São Paulo e vamos até o Pará, ver como o Marcos está se saindo com sua lanchonete e sua dificuldade em mudar de mentalidade.

## ARMADURA INVIOLÁVEL

A aflição de Marcos parece só aumentar. Desde a semana passada, quando se viu obrigado a demitir duas funcionárias, por causa do movimento fraco, ele vem se mostrando mais angustiado do que de costume. As contas se acumulam, e ele não sabe mais o que significa operar no azul. Suas reservas já estão no final, e Marcos ainda tem um empréstimo a saldar com o banco, pois teve de apelar a isso para comprar alguns equipamentos para abrir o negócio.

Ele calcula que se os ventos não mudarem de direção e começarem a ajudá-lo, em dois meses a situação estará insustentável na lanchonete. Para piorar, as coisas têm se misturado. O "momento" ruim nos negócios acaba se refletindo na vida familiar. A filha disse a ele que queria uma festa especial para comemorar os 12 anos, no mês que vem, mas Marcos explicou que não tem como pagar. A menina não escondeu o quanto ficou decepcionada. Aquilo arremessou no lixo a autoestima do pai. "Afinal, que empreendedor eu sou, que não consigo nem dinheiro para uma festa?", ele pensou.

Os poucos amigos que o reservado Marcos mantém tentam alertá-lo para o óbvio: ele precisa rever suas estratégias para divulgar o negócio. Precisa investir em uma boa campanha de marketing digital, utilizando com inteligência as ferramentas de redes sociais, e contratar alguém que entenda do assunto, para fazer com que a lanchonete ganhe visibilidade. Enfim, deve mudar o time, pois uma coisa é certa: ele não está ganhando. Ao contrário, neste momento está levando uma goleada. Porém, até aqui, o empreendedor parece aqueles técnicos que estão sendo derrotados em casa, diante da torcida, e ainda fazem uma substituição impopular.

É como se ele pudesse ouvir uma multidão gritando: "Burro! Burro! Burro!" Porém, "à beira do campo", Marcos segue impassível, querendo não demonstrar abalo. O problema do nosso empreendedor é idêntico ao de muitas pessoas: a falta de autoconsciência. Todos sabemos que ninguém é perfeito. Porém, compreender exatamente onde precisamos concentrar mais esforços pode nos ajudar a avançar.

Gwen Moran, escritora especializada em negócios e finanças, escreveu o artigo "A Importância de Encontrar (e Enfrentar) suas

Fraquezas"[35] (tradução nossa), para o site da revista de tecnologia *Fast Company*. Nele, ela trata de como as pessoas, como Marcos, podem obter uma medida maior de consciência quando se trata de seus pontos fracos. Confira as dicas:

- **Observe o que você faz:** quais atividades consomem seu tempo? E quais você evita? Se você realiza as mesmas tarefas regularmente, e não há motivo convincente para isso, pode ser um indicador de que você não domina tais atividades.

- **Procure padrões no *feedback*:** pense em seu desempenho e nos comentários de quem trabalha com você. Há padrões? Se você tem histórico de pessoas diferentes lhe dizendo a mesma coisa, vale a pena investigar se você precisa trabalhar essa área.

- **Ache quem lhe fale a verdade:** conviva com quem lhe fale a verdade, mesmo quando for difícil. Essa pessoa não precisa ser seu melhor amigo, mas deve ser honesta, confiável e sem medo de, quando seus esforços não funcionarem, lhe dizer isso.

- **O que está por trás:** se você é alvo de piadas sobre sua falta de pontualidade, por exemplo, pode ser uma pista de que esse é um problema que as pessoas estão tentando corrigir com humor. Ouça-as e analise se esse é um aspecto que pode impedir você de se desenvolver.

---

35 MORAN, G. *The importance of finding (and facing) your weaknesses.* Disponível em: <https://www.fastcompany.com/3026105/the-importance-of-finding-and-facing-your-weaknesses>. Acesso em: 06 nov. 2019.

- **Encontre falhas passadas:** você só irá melhorar ao olhar para falhas passadas e descobrir por que elas aconteceram. Veja as áreas que precisam de trabalho e reformule as deficiências. Crie seu conjunto de habilidades.

Ninguém é super-homem, mas é possível considerar certas áreas como algo que desejamos melhorar e levar isso para o próximo nível. Se Marcos o fizer, estará no caminho para sua mudança e para conseguir resultados melhores.

Faltou alguém? Ah, sim, nosso amigo esquentadinho, o Roberto. Vamos a Salvador, ver o que ele anda aprontando.

### QUANDO O SANGUE FERVE...

São 9h30 de quinta-feira. E Roberto já brigou com três pessoas. Não gostou de ter levado uma fechada no trânsito. Foi atrás do sujeito para tirar satisfação. O outro motorista, que havia feito a manobra por descuido, pediu desculpas. No entanto, conforme foi sendo ofendido por Roberto, se desgostou. O que o nosso amigo engenheiro não imaginava é que havia xingado um policial civil. Acabou indo para a delegacia. Lá, mais consciente já de que tinha se excedido, teve de se explicar ao delegado, pediu perdão, assinou um termo circunstanciado e pôde ir.

As duas pessoas com as quais o engenheiro tinha se exaltado antes da confusão no trânsito foram o seu chefe, que ligou para cobrar um relatório às 7h da manhã, e sua noiva, que é como ele se refere à namorada. Mas talvez o mais apropriado seja chamá-los de ex-chefe e ex-namorada de Roberto. Ao ser surpreendido pela ligação de seu superior na empresa quando tomava o café da manhã, nosso amigo fez o que sabe fazer de melhor — ou pior: acabou levando uma crítica para a esfera pessoal. Discutiu com o chefe e terminou por gritar uma série de impropérios. Já sabe qual será o final da história assim que pisar na empresa.

Já a namorada foi (novamente) vítima da fúria descontrolada de Roberto apenas por lhe pedir calma. Ela estava ao lado dele no momento em que o chefe ligou. Enquanto via o rosto do amado se transformar, tentou ajudá-lo a manter alguma serenidade. Mas sobrou para ela também. Foi alvo de berros e desrespeito, em mais um momento de desequilíbrio do outro. Deixou a mesa aos prantos e, certamente, não vai querer ver o namorado tão cedo, pois já havia dito que não aceitava mais ser tratada assim por ele.

Saldo do dia de Roberto, antes das 11h: criticado, esgotado, sem emprego nem namorada, com direito a bronca em delegacia. Tudo isso por não saber contar até 10 e respirar diante de algo que o desagrade. Será tão complicado? Um artigo da revista Time, em parceria com a *startup* de saúde e bem-estar Greatist, mostra que não. Escrito pela diretora editorial Jordan Shakeshaft, "6 exercícios respiratórios para relaxar em 10 minutos ou menos"[36] (tradução nossa) explica como a respiração controlada mantém a mente e o corpo funcionando da melhor forma, reduz a pressão sanguínea, promove calma e relaxamento, e alivia o estresse.

---

36 SHAKESHAFT, J. *Six breathing exercises to relax in 10 minutes or less*. Disponível em:<http://healthland.time.com/2012/10/08/6-breathing-exercises-to-relax-in-10-minutes-or-less/>. Acesso em: 06 nov. 2019.

As técnicas de respiração descritas no artigo podem ser praticadas em qualquer lugar, tanto por iniciantes, quanto por pessoas com níveis intermediário e avançado na prática, e para fins diversos, como se preparar para algum exame ou evento estressante ou simplesmente para se acalmar antes de dormir. Vale a pena para você, para o Roberto ou para qualquer outra pessoa saber como utilizar a ferramenta mais básica que existe, o ar que entra em nossos pulmões, como uma importante alavanca para manter o foco e a tranquilidade.

Vimos que, cada um à sua maneira, nossos personagens estão colhendo resultados péssimos por não conseguirem mudar pontos sensíveis de seus comportamentos. Como falamos no início deste capítulo, sem uma tomada de consciência de que é necessário alterar rotas para se conseguir chegar a novos destinos, nenhuma mudança pode ocorrer. Será que eles vão conseguir perceber isso para agir de outro modo e conquistar aquilo que desejam? É o que descobriremos juntos. Pausa para respirar. Vejo você na próxima página.

> *"Imagine que alguém treine um fundamento de futebol, como chute ao gol, mas comete sempre os mesmos equívocos toda vez que acerta a bola. Pois 10 mil horas desse erro não irão aperfeiçoar sua técnica."*

# CAPÍTULO 5
## INIMIGOS INTERNOS

## INIMIGOS INTERNOS

Você acredita que se conhece bem? Sabe exatamente quais são seus pontos fortes e fraquezas? Tem algo que gostaria de mudar em si se pudesse? Já vimos como Fernando tem dificuldades de se concentrar no que é importante. Cecília sofre por não conseguir se colocar. As explosões emocionais de Roberto só o colocam em enrascadas. Helena precisa mudar de hábitos para ter mais saúde e autoestima. E, por fim, Marcos deve mudar suas atitudes mentais se quiser que seu negócio prospere.

Em menor ou maior grau, cada um deles tem alguma consciência de que precisa adotar novas estratégias e novos comportamentos, assim como substituir aquilo que não está dando certo em suas vidas. Como já falamos, eis a síntese da Era do Desenvolvimento: conhecimento sem aplicação não é nada. Até porque, cada escolha que fazemos impacta nosso dia a dia e nossos resultados. Mas vamos dar uma volta para entender melhor o que está ocorrendo no cotidiano de nossos cinco protagonistas.

Fernando nunca foi uma pessoa calma, mas ultimamente está tenso demais. Foi diagnosticado com uma úlcera gástrica, após ser examinado às pressas. Uma dor absurda havia forçado ele a parar. Seu ritmo vinha sendo terrível, com muitas madrugadas passadas em claro para tentar recuperar o tempo perdido de um trabalho. Tudo culpa do jeito desorganizado. O café, que o mantinha acordado, não deve ter ajudado no quadro, mas o médico que o atendeu explicou que o estresse deve ter sido o responsável direto, pois estimula a secreção de ácidos que atacam o estômago. Aconselhou Fernando a desacelerar.

"Claro", ele pensou, "assim que conseguir entregar esse trabalho, vou conseguir tirar uns dias e ir para a praia com as crianças". Só havia um problema: ele não fazia a mínima ideia de quando iria finalizar o projeto. Estava bastante atrasado, aliás. O cliente o cobrava quanto à campanha, a mulher o cobrava em relação às coisas da casa. Apenas de pensar nisso, o estômago já ardia.

Deu uma saída, pois precisava respirar. Foi à padaria da esquina, pediu uma água com gás. Sentiu o cheiro do café *espresso*, o estômago deu uma pontada forte. Voltou para casa correndo e tomou dois comprimidos para aliviar a dor.

Se Fernando não pode nem sentir cheiro de café, Cecília está sofrendo com a proximidade das provas na universidade. Insônia e ansiedade passaram a frequentar a vida da jovem. Sempre saudável na infância, a garota ganhou peso nos últimos meses, está com um ar bastante abatido e quase que diariamente chora escondida no banheiro, para que ninguém perceba. Cogita até trancar a faculdade, caso não consiga reverter as últimas notas baixas.

Enfim, por não conseguir mudar seu jeito de ser, por seguir sem se impor a quem lhe pede algo, Cecília tem colhido sempre os mesmos frutos de suas decisões. Os finais de semana, antes um espaço para ela recobrar as energias, viraram um período para tentar conciliar os afazeres dela e as muitas tarefas que acabou acumulando ao se comprometer com os outros. Assim, a noite de sexta, que sempre foi um momento de descontração, se transformou em um pesadelo, com horas e mais horas passadas na frente do computador. Esgotada, ela termina dormindo por absoluto cansaço, quando o sol já está raiando.

## TUDO COMEÇA NA MENTE

Roberto é a frustração em pessoa. Apesar de ser um profissional experiente, está há quase dois meses desempregado. Conseguiu algumas entrevistas em sua área, mas tem quase certeza de que os contratantes desistiram dele ao entrar em contato com seus chefes anteriores. O mercado em que atua é pequeno em Salvador, todo mundo se conhece. Por isso, ele admite estar arrependido de ter explodido nas empresas por onde passou. Seu comportamento certamente lhe fechou algumas portas importantes na profissão.

Em paralelo, sente saudades da ex-namorada. Mas sabe que não adianta pensar nisso, pois ela havia deixado claro que não iria mais tolerar os "chiliques" dele por besteiras. Quase sem economias e sem alguém para compartilhar o mau momento, ele tem ficado deprimido. Prefere passar o dia na cama, zapeando pela TV por horas, sem se fixar em nada. Um dos seus poucos amigos, que o conhece bem, recomendou que ele buscasse ajuda de um terapeuta ou de um psiquiatra. Roberto nem considerou a sugestão. Preferiu voltar para a cama.

Se Roberto tem passado horas na cama, diante da TV, Helena, por sua vez, segue descontando todas as suas angústias na comida.

Tanto é que desistiu da nutricionista, pois percebeu que estava jogando dinheiro fora. Parou de encarar a balança, mas tem noção de que engordou um pouquinho no último mês. Afinal, suas roupas não estão mais servindo. Se tivesse coragem de ir à farmácia se pesar, saberia que ganhou mais seis quilos.

O pior é que não são apenas as roupas que indicam o sobrepeso. Ela também tem sentido falta de ar quando anda algumas poucas quadras. O coração chega a disparar, o suor brota na testa, e ela fica extremamente cansada. Helena, que sempre se considerou uma mulher bonita, agora não gosta de ver a própria imagem refletida no espelho. Sente vergonha do corpo e anda pelas ruas imaginando que as pessoas ficam comentando sobre sua aparência, quando ela passa. Tudo isso a deixa ainda mais aflita. Mas nada que um tablete de chocolate não acalme. E o círculo vicioso se completa.

Por fim, Marcos não parece estar muito diferente dos nossos outros personagens. Ficou desolado depois que a filha praticamente parou de falar com ele por não ter conseguido a festa que queria. Ao mesmo tempo que ele se sente injustiçado, sabe que a menina é apenas uma adolescente. E que a comemoração com as amigas era algo importante para ela. Com isso, ele acabou se sentindo um verdadeiro lixo. Um pai que não consegue atender um pedido relativamente simples da filha. E um empresário incompetente, incapaz de fazer seu negócio decolar. A lanchonete, aliás, virou um tormento.

Além de ser uma fonte inesgotável de trabalho, uma vez que Marcos tem tocado tudo sem ajuda de funcionários, o comércio tem consumido um dinheiro que ele nem tem. Sem poder recorrer a banco, no início do mês passou pela humilhação de pedir uma pequena quantia para a mãe, uma idosa aposentada. Ficou pensando que se seu pai estivesse vivo, sentiria vergonha do que ele se tornou. Mas era isso ou acabar sendo cobrado judicialmente pelos credores. Conseguiu apagar um incêndio, mas seu amor próprio acabou chamuscado.

## DA SOBREVIVÊNCIA À AMEAÇA À VIDA

Para entender um pouco melhor o que está se passando no momento de nossos cinco amigos, vejamos o que a renomada Harvard Medical School, instituição fundada em 1782 com sede em Boston, nos EUA, afirma sobre esgotamento físico e emocional. Um artigo divulgado em sua plataforma *Harvard Health Publishing*[37] explica quais são os impactos do famigerado estresse no organismo humano e orienta sobre como alguém pode aliviar sua presença. De forma resumida, o que os pesquisadores sabem a respeito do assunto é que a ativação crônica do estresse prejudica a saúde da pessoa.

Originalmente considerado um mecanismo de sobrevivência dos humanos, o estresse era uma resposta que indicava se diante de um perigo era melhor lutar ou correr. Infelizmente, o corpo também pode reagir exageradamente a condições estressantes que não ameacem a vida, como engarrafamentos, pressão no trabalho

---

[37] HARVARD Health Publishing. *Understanding the stress response.* Não paginado. Disponível em: <https://www.health.harvard.edu/staying-healthy/understanding-the-stress-response>. Acesso em: 06 nov. 2019.

e dificuldades familiares. Uma situação estressante — quer seja algo como um prazo iminente de entrega de trabalho, quer seja algo psicológico, como uma preocupação persistente com perder um emprego —, pode desencadear uma cascata de hormônios que produzem mudanças fisiológicas bem- orquestradas.

Assim, um incidente estressante pode fazer o coração bater e a respiração acelerar. Num momento como esse, o corpo reage com músculos tensos e gotas de suor. O que as pesquisas indicam é que o estresse habitual contribui para a pressão alta, promove a formação de depósitos que obstruem as artérias e causa alterações cerebrais que podem concorrer para males como a ansiedade, a depressão e a dependência química.

Estudos preliminares sugerem que o estresse continuado também pode contribuir para um quadro de obesidade, tanto por levar a pessoa a comer mais, quanto pela diminuição na quantidade e qualidade do sono e de exercícios. Qualquer semelhança com o que tem acontecido com nossos personagens não é mera coincidência.

## INCÊNDIO NO CÉREBRO

A resposta ao estresse começa no cérebro. Quando alguém enfrenta um perigo, os olhos, os ouvidos (ou ambos) enviam as informações para a amígdala, uma área cerebral que, entre outras funções, contribui para o processamento emocional. Responsável por interpretar imagens e sons, a amígdala, diante de um evento estressante, envia um sinal ao hipotálamo, a área do cérebro que funciona como um centro de comando.

O hipotálamo se comunica com o resto do corpo por meio do sistema nervoso autônomo, que por sua vez controla funções involuntárias do corpo, como a respiração, a pressão arterial, os batimentos cardíacos, a dilatação ou a constrição dos principais vasos sanguíneos, além das pequenas vias aéreas dos pulmões, chamadas bronquíolos.

O sistema nervoso autônomo tem dois componentes: o sistema nervoso simpático e o sistema nervoso parassimpático. O primeiro funciona de maneira similar ao pedal do acelerador em um carro. Ele desencadeia a resposta de luta ou fuga, fornecendo ao corpo uma explosão de energia para que ele possa responder aos perigos percebidos. Já o sistema nervoso parassimpático age como um freio. Promove a resposta para "descansar e digerir", o que acalma o corpo após o perigo ter passado.

Depois que a amígdala envia um sinal de angústia, o hipotálamo ativa o sistema nervoso simpático, enviando sinais por meio dos nervos autonômicos para as glândulas suprarrenais. Essas glândulas respondem bombeando o hormônio epinefrina (também conhecido como adrenalina) na corrente sanguínea. À medida que a epinefrina circula pelo corpo, ela produz uma série de alterações fisiológicas. O coração bate mais rápido que o normal, empurrando o sangue para os músculos, coração e outros órgãos vitais.

**COMPREENDA PLENAMENTE SEUS PRINCIPAIS PONTOS FORTES E FRACOS**

A pulsação e a pressão sanguínea aumentam. A pessoa que sofre essas mudanças também começa a respirar mais rapidamente. Pequenas vias aéreas nos pulmões se abrem. Dessa forma, os pulmões podem absorver o máximo de oxigênio possível a cada respiração. O oxigênio extra é enviado ao cérebro, aumentando a atenção. A visão, a audição e outros sentidos se tornam mais nítidos.

## CORPO SOB BOMBARDEIO

Enquanto isso, a epinefrina libera açúcar no sangue (glicose) e gorduras, a partir de locais de armazenamento temporário no corpo. Tais nutrientes inundam a corrente sanguínea e fornecem energia para todas as partes do corpo. Essas mudanças acontecem tão rapidamente que as pessoas não as identificam de forma consciente. Tudo é tão eficiente, que a amígdala e o hipotálamo iniciam esse efeito cascata mesmo antes de os centros visuais do cérebro terem a chance de processar completamente o que está acontecendo.

É por isso que as pessoas conseguem desviar de um perigo, como, por exemplo, correr e sair do caminho de um carro que se aproxima rapidamente, antes mesmo de pensar naquilo que estão fazendo. Quando se dão conta, já estão na calçada, com o coração aos saltos.

À medida que o aumento inicial da epinefrina vai cessando, o hipotálamo ativa o segundo componente do sistema de resposta ao estresse, algo conhecido como eixo hipotálamo-pituitária-adrenal (HPA). Essa rede consiste no hipotálamo, na hipófise e nas glândulas suprarrenais. O eixo HPA conta com uma série de sinais hormonais para manter pressionado o sistema nervoso simpático, aquele "pedal do acelerador".

Se o cérebro continuar a perceber algo como perigoso, o hipotálamo emite o hormônio liberador de corticotropina, que viaja para a hipófise, desencadeando a liberação do hormônio adrenocorticotrófico. Esse hormônio ruma para as glândulas suprarrenais, levando-as a liberar cortisol. O resultado é que o corpo fica acelerado e em alerta máximo. Quando a ameaça passa, os níveis de cortisol caem. O sistema nervoso parassimpático, o "freio", amortece a resposta ao estresse.

## COMO COMBATER O ESTRESSE CRÔNICO

Assim como Fernando, Cecília, Roberto, Helena e Marcos, muitas pessoas são incapazes de encontrar uma maneira eficiente de travar o estresse. Estudos comprovam que o estresse crônico de baixo nível mantém o eixo HPA ativado, tal como um motor que fica em marcha lenta demais por muito tempo. Depois de um período, isso afeta o corpo e contribui para os problemas de saúde associados ao estresse crônico. Os surtos persistentes de adrenalina podem danificar os vasos sanguíneos e artérias, aumentando a pressão sanguínea e aumentando o risco de ataques cardíacos ou derrames.

Níveis elevados de cortisol criam alterações fisiológicas que ajudam a repor os estoques de energia do corpo que são esgotados durante a resposta ao estresse. Mas eles também, inadvertidamente, contribuem para o acúmulo de tecido adiposo e para o ganho de peso. Por exemplo, o cortisol tem como uma característica aumentar o apetite, de modo que as pessoas queiram comer mais para obter energia extra. Também amplia o armazenamento, como gordura, de nutrientes não utilizados.

No entanto, felizmente, diversas pesquisas indicam que as pessoas podem aprender técnicas para combater a resposta ao estresse e, assim, evitar seus efeitos nocivos:

**Relaxamento** — Herbert Benson, diretor emérito do Instituto de Medicina do Corpo e da Mente no Hospital Geral de Massachusetts, dedicou grande parte de sua carreira a aprender como as pessoas podem combater a resposta ao estresse usando uma combinação de abordagens que provocam a resposta ao relaxamento. Isso inclui respiração abdominal profunda, foco em uma palavra tranquilizadora (como *paz* ou *calma*), visualização de cenas tranquilas, oração repetitiva, ioga e *tai chi*, entre outras técnicas.

A maioria das pesquisas que utilizam medidas objetivas para avaliar a eficácia da resposta de relaxamento no combate ao estresse crônico foi realizada com pessoas com hipertensão e outras formas de doenças cardíacas. Os resultados sugerem que vale a pena tentar a técnica, embora para a maioria das pessoas esta não seja uma solução completa.

**Atividade física** — as pessoas podem usar o exercício físico para reprimir o acúmulo de estresse de várias maneiras. Atividades físicas, como fazer uma caminhada rápida logo após sentir-se estressado, não apenas aprofundam a respiração, mas também ajudam a aliviar a tensão muscular. As terapias de movimento, como ioga, *tai chi* e *qi gong*, combinam movimentos fluidos com respiração profunda e foco mental, os quais podem induzir à calma.

**Suporte social** — confidentes, amigos, conhecidos, colegas de trabalho, parentes, cônjuges e companheiros fornecem uma rede social que melhora a vida e pode aumentar a longevidade. Não está claro por que, mas uma teoria afirma que as pessoas que desfrutam um relacionamento próximo com a família e os amigos recebem apoio emocional que, indiretamente, ajuda a sustentá-las em momentos de estresse e crise crônicos.

## GERENCIANDO O ESTRESSE

Como vimos, o ritmo e os desafios da atualidade tornam o gerenciamento do estresse necessário para toda e qualquer pessoa. Porém, para monitorar seu estresse, primeiro é preciso identificar seus gatilhos. Você já parou para pensar no que o faz se sentir tenso, preocupado ou irritado? Você costuma ter dores de cabeça ou dor de estômago sem uma causa diagnosticada? Sobre gerenciamento de estresse, o artigo "Alívio de estresse"[38] (tradução nossa), da Fundação Mayo para Pesquisa e Educação Médica, traz dicas úteis.

---

38 **MAYO Clinic Staff. Stress relief.** Não paginado. Disponível em: <https://www.mayoclinic.org/healthy-lifestyle/stress-management/basics/stress-relief/hlv-20049495>. Acesso em: 06 nov. 2019

Alguns fatores estressantes, como pressões no trabalho, problemas de relacionamento ou preocupações financeiras, são fáceis de identificar. Mas aborrecimentos e demandas diários, como esperar em uma longa fila ou chegar atrasado a uma reunião, também contribuem para o aumento do seu nível de estresse. Mesmo eventos essencialmente positivos, tais como casar ou comprar uma casa, podem ser estressantes.

Qualquer mudança na sua vida pode causar estresse. Depois de identificar seus gatilhos estressores, pense em estratégias para lidar com eles. Identificar o que você pode controlar é um bom ponto de partida. Por exemplo, se o estresse o mantém acordado à noite, a solução pode ser tão fácil quanto remover a TV e o computador do quarto e deixar a mente descansar antes de dormir.

Já mencionamos de que maneira muitas pessoas se beneficiam de práticas como respiração profunda, *tai chi*, ioga, meditação ou estar na natureza. Assim, separe um tempo para si mesmo. Faça uma massagem, tome um banho demorado, dance, ouça música, assista a uma comédia, faça aquilo que o ajudar a relaxar.

Outro ponto é que manter um estilo de vida saudável vai ajudá-lo a gerenciar o estresse. Por isso, siga uma dieta saudável, pratique exercícios físicos regularmente e durma o suficiente. Faça um esforço consciente para passar menos tempo na frente de uma tela (de televisão, *tablet*, computador ou telefone) e mais tempo relaxando.

Certamente, o estresse não desaparecerá da sua vida. Como também não irá sumir do horizonte de nossos cinco personagens. E o gerenciamento do estresse precisa ser contínuo. Porém, prestando atenção ao que causa seu estresse e praticando maneiras de relaxar, você pode combater alguns dos efeitos negativos do estresse e aumentar sua capacidade de lidar com os desafios. Comece o quanto antes. Qualidade de vida é algo que não tem preço. Seu desenvolvimento está intimamente ligado a isso.

> "Qualquer mudança na sua vida pode causar estresse. Depois de identificar seus gatilhos estressores, pense em estratégias para lidar com eles. Identificar o que você pode controlar é um bom ponto de partida."

# CAPÍTULO 6
# QUANDO NADA PARECE DAR CERTO

## QUANDO NADA PARECE DAR CERTO

Fernando não mudou. Assim, não conseguiu finalizar a tempo o trabalho que precisava entregar. Perdeu o seu maior cliente. E sua mulher decidiu passar um tempo com a mãe dela e levou consigo os dois filhos, depois que a luz na casa deles foi novamente cortada por falta de pagamento. Cecília segue igual. Com isso, tirou mais notas baixas e teve de trancar a faculdade. Na agência em que trabalha, onde sempre foi considerada produtiva, agora é tida como relapsa, por não dar conta das obrigações. E os empréstimos à irmã continuam.

Roberto não consegue mudar. Por uma besteira, brigou com o único amigo, que só queria ajudá-lo. Chegou a começar num outro emprego, mas uma discussão com um colega fez a experiência durar só três semanas. Ligou para a ex-namorada, que desligou na cara dele. Helena também está na mesma. Ou pior: mudou um pouco, já que ganhou mais cinco quilos. Agora mal sai de casa, pois tem vergonha até dos vizinhos. A mãe tenta convencê-la a procurar um médico e cuidar da saúde seriamente. A filha, porém, só pensa em comida.

Marcos "travou". Fechou sua lanchonete na semana passada, após ter pego mais um empréstimo com a mãe. A situação estava insustentável. Agora não sabe o que vai fazer para sustentar a família e com as dívidas que contraiu. E a filha segue sem falar com ele.

E você? Como avalia seus resultados? Já parou para pensar em como as coisas que qualquer pessoa deseja conquistar estão diretamente ligadas à forma como ela age?

Você trabalha com o que gosta? Seu expediente diário, semanal e mensal está dentro do que acha adequado? Está contente com sua produtividade? Tem rendimentos suficientes para fazer aquilo que deseja? Acredita estar no nível profissional que lhe deixa realizado? Mora na casa com a qual sempre sonhou? Consegue viajar, ter momentos de lazer e relaxar do jeito que julga ser o ideal? Está alegre com sua rotina? Orgulhoso de suas conquistas? Tem estado plenamente feliz com o tempo que dedica à sua família?

Cada resposta para as questões acima pode revelar como as coisas que você tem feito ou evitado fazer estão relacionadas com o seu desempenho. Trabalhar demais, trabalhar de menos. Não ter trabalho. Ganhar bem. Ou o suficiente para uma vida simples. Ou usar tudo o que consegue receber só para pagar contas. Morar na casa própria com que sempre sonhou. Ou na de aluguel que atende às suas necessidades. Ou viver numa moradia inadequada.

Desfrutar lazer, cultura e educação. Poder viajar para conhecer novos lugares ou recarregar as baterias. Oferecer boas experiências a seus amigos e familiares. Ou não vivenciar nada disso. Ter uma vida plena, com paz de espírito. Ou viver atormentado por questões financeiras ou insatisfeito com aspectos que lhe tiram o sono... Assim como nossos personagens têm experimentado seus dilemas, obviamente você também tem os seus. Todos os temos. É isso o que nos faz seres humanos. Falíveis, mas conscientes. E, como você está com este livro em mãos, tenho certeza de que seu despertar de consciência está ativo. Pois você segue firme na rota do desenvolvimento. Para mudar e ter resultados melhores do que os atuais.

## INFERNO ASTRAL

Marcos voltou a morar na casa da mãe. Além de fechar a lanchonete, não conseguiu mais pagar as parcelas do financiamento imobiliário do apartamento que tinha comprado no centro de Belém havia cinco anos, quando sua situação financeira estava melhor. O "sonho da casa própria" terá de esperar mais um pouco. "Estive tão perto", ele pensa, enquanto acende um cigarro, seu mais novo hábito, para desaprovação da mulher e da filha. Além do abatimento por ter fechado o próprio negócio, também está preocupado com o estado de saúde da mãe, que completou 83 anos há um mês e foi surpreendida por uma pneumonia.

Sem dinheiro para proporcionar um tratamento adequado para a idosa, Marcos tem se desdobrado, fazendo bico num bar, para ganhar o suficiente para sustentar a família. Ninguém passa necessidade, mas não existe espaço para luxo algum. A filha se queixa de que não pode ir ao shopping com as amigas, pois não tem dinheiro para o lazer. O pai, por mais que sinta vergonha de não poder atender a garota, dá de ombros. Afinal, ele tem feito o melhor que pode. "Será mesmo?", ele se perguntou, entre uma tragada no cigarro e outra. "Será que eu não poderia fazer melhor do que tenho feito?"

Na última terça-feira, Helena tomou um grande susto. Ela se preparava para sair do escritório de arquitetura onde trabalha, quando acabou a luz do local. Tudo bem, não fosse o fato de que ela estava dentro do elevador, junto com outros dois funcionários do edifício, quando faltou energia. E foram duas horas até que a eletricidade voltasse e o equipamento pudesse funcionar. Ao se ver obrigada a esperar, naquele ambiente claustrofóbico, iluminado apenas pelas luzes dos telefones celulares, ela viveu uma pequena crise de pânico. Imaginava o que os dois homens estariam pensando dela.

Era quase como se conseguisse escutar os pensamentos deles em relação à aparência dela. Ao fato de eles três estarem presos naquela caixa de metal suspensa por cabos, 11 andares acima do nível da rua. Para deixar tudo ainda mais desconfortável, havia o enorme espelho numa das paredes do elevador. Ver seu reflexo, com o cabelo desarrumado, o rosto coberto de suor, o corpo acima do peso, foi minando suas forças. Mas a simples ideia de que poderia desmaiar ali parecia até mais assustadora para a arquiteta. "Como foi que cheguei a essa situação?", ela se questionou. "Tenho que fazer alguma coisa por mim."

Roberto "mudou de ramo". Como não estava conseguindo nada em sua área, decidiu tentar ganhar algum dinheiro como motorista de aplicativo. Claro, como engenheiro, não está feliz com a situação. Fez isso por absoluta necessidade, uma vez que já havia "torrado" todas as suas reservas e teve de recorrer a um empréstimo bancário para conseguir manter seu padrão de vida.

O maior desafio dessa "fase", no entanto, é tentar manter o controle atrás do volante. Seja no trânsito, ao lidar com outros motoristas, seja com os passageiros que transporta pela cidade, alguns bastante inconvenientes.

Quase discutiu com um deles outro dia, porque o homem ficou esperando que ele saísse do carro para lhe abrir a porta, como um motorista particular faria. Naquela ocasião, Roberto sentiu tanta raiva que o rosto ficou todo vermelho. Mas engoliu as palavras, para não correr o risco de perder mais um trabalho. Ele não pode se dar a esse luxo neste momento. "Por ora, melhor engolir sapos", ele conclui, enquanto aceita uma nova corrida. Vai até o local e encontra a passageira. Ele a reconhece imediatamente, mas disfarça. Ela senta-se no banco de trás e, distraída, não percebe que o motorista é seu ex-namorado. Pelo retrovisor, Roberto vê a mulher que tanto amou dando um longo beijo no homem que a acompanha. Sente uma pontada no peito. "Por que isso está acontecendo comigo?", Roberto se pergunta.

Quando se viu obrigada a deixar a faculdade, Cecília imaginou que sua vida fosse ficar um pouco mais tranquila. Afinal, a pressão dos trabalhos e provas ficaria para trás. Mas não foi isso que ocorreu. Muito pelo contrário. Primeiro, foi no trabalho. Ao saber que ela tinha parado com os estudos, o chefe a chamou para uma conversa. Já estava insatisfeito com a performance da jovem que havia surgido ali como um talento, mas que nos últimos meses vinha decepcionando seus superiores, por não cumprir prazos e por entregar tarefas realizadas de qualquer jeito. Acabou demitida, o que mexeu com sua autoestima.

Depois, foi em casa, onde a irmã mais velha a surpreendeu com uma dívida considerável que acabou no nome de Cecília. Novamente, por ela não ter se colocado, uma compra ficou atrelada ao cartão de crédito da jovem, que sempre teve orgulho de não dever nada a ninguém. Agora, ela vai ter de se virar para se livrar do débito, sendo que nem comprou nada. Em paralelo, de tanto a mãe se queixar do marido, acabou por colocá-lo para fora de casa. Cecília quer ajudá-lo, mas não sabe como, pois também não quer se indispor com a mãe. "O que vou fazer agora?", a jovem tem refletido.

O publicitário Fernando foi informado de que será despejado da casa onde vive até o final do mês, caso não pague os três aluguéis atrasados ao proprietário do imóvel. Está reunindo coragem para comunicar essa nova situação à mulher. As finanças dele se desestabilizaram de vez com a perda de três clientes nas últimas semanas. As contas da família se acumulam e ele tem procurado manter a calma, uma vez que ficar gritando o tempo todo, como a mulher dele tem feito, não vai resolver nada. Muito pelo contrário.

Pior: ele tem visto o resultado disso estampado na cara dos filhos pequenos, a cada acesso de raiva da mãe deles. Para ele, isso apenas demonstra o quanto o ambiente da casa tem sido assustador para os meninos. Às vezes, chega a pensar que o divórcio pode ser uma solução menos traumatizante para todos ali, mesmo sendo ainda apaixonado pela mulher e não querendo ficar longe dos filhos. E pensar que sete anos antes, quando se casaram, os dois tinham planos de juntar economias para comprar a casa própria. Essa era a prioridade de ambos. "O que será que deu errado?", ele se pergunta, diante da realidade.

Cada ação gera uma reação. E o ato de "não agir" também pode ser considerado uma atitude. Como todos os nossos personagens têm percebido, os resultados do que fazemos ou do que não fazemos sempre chegam. Neste momento, nenhum deles está satisfeito com os frutos que vêm colhendo. Todos, à sua maneira, estão no chamado "fundo do poço". Enfrentam seu "inferno astral". Sabem que precisam fazer algo para sair de lá. Alterar rotas, mudar comportamentos, tomar novas posições. Mas será que eles irão conseguir? Torcemos para que tenham sucesso. E seguimos acompanhando a saga de todos eles pelo autodesenvolvimento. Que ela também possa inspirar suas decisões.

> "Como você está com este livro em mãos, tenho certeza de que seu despertar de consciência está ativo. Pois você segue firme na rota do desenvolvimento. Para mudar e ter resultados melhores do que os atuais."

# CAPÍTULO 7
# FERRAMENTAS INTERIORES

## FERRAMENTAS INTERIORES

"Não use velhos mapas para descobrir novos lugares". Certa vez, vi essa frase impressa em um pequeno quadro de madeira, que decorava um simpático café em São Paulo, e fiquei refletindo sobre seu significado. Ao pesquisar a respeito, descobri que ela seria uma variação da citação "você não pode usar um mapa antigo para ver uma terra nova", creditada ao americano Gary Hamel, especialista da área de estratégias de negócios.

Gosto desse pensamento porque quando percebo que alguém está insatisfeito com algum resultado, seja na área pessoal, seja na profissional, me questiono sobre o que essa pessoa tem utilizado como guia para suas ações ou quais têm sido as suas estratégias. Afinal, como cada pessoa vê o mundo ao redor, pensa, age ou sente? Por que, ao analisarmos dois indivíduos distintos, verificamos formas tão diferentes de eles manifestarem suas visões, seus raciocínios, comportamentos e emoções?

Acredito que todas as pessoas têm a capacidade de buscar melhorar alguma coisa em si ou na relação com o que estiver no seu entorno. Isso vale para tudo: perder peso, mudar hábitos, ter uma vida menos sedentária, guardar recursos para a aposentadoria, e tantas outras coisas.

Mas isso me leva a outra questão: quando alguém já sabe o que quer, por que, muitas vezes, não consegue atingir seus objetivos? Será que suas ferramentas internas estão com defeito — tal qual uma bússola quebrada, que indica uma direção incorreta, ou um

GPS desatualizado? Pense um pouco: como alguém pode chegar a um novo destino, a alcançar aquilo que almeja, se insistir em seguir por uma rota errada, muitas vezes no sentido contrário ao que o levará à meta? Parece impossível. Mas é o que temos visto aqui, com o publicitário Fernando, a designer Cecília, o engenheiro Roberto, a arquiteta Helena e o empreendedor Marcos.

Todos eles têm sido exímios sabotadores dos próprios objetivos. E mesmo o motorista mais habilidoso do mundo, se for guiado por instrumentos que o conduzam por um trajeto incorreto, não conseguirá chegar onde deseja. Mas você talvez esteja perguntando: "Tá, Sulivan, mas como podemos atualizar um GPS ou corrigir uma bússola ou qualquer ferramenta dentro de nós mesmos? Pois saiba que existem inúmeras formas de mudar as estratégias pessoais para se chegar a um objetivo.

O autoconhecimento e autodesenvolvimento podem vir, por exemplo, por meio da leitura e do estudo, como consequência de um nível maior de consciência de si mesmo, de quem se é. Tal qual uma gema bruta, todos somos lapidados pelo conhecimento, algo capaz de nos transformar, de revelar uma beleza interna extraordinária.

### O QUE É A ATITUDE MENTAL?

As atitudes mentais (ou mentalidades) descrevem, de uma forma mais técnica, os filtros que cada indivíduo aprende a empregar, de modo habitual e inconsciente, em suas experiências cotidianas. São esses filtros, por exemplo, que determinam como cada pessoa percebe o mundo à sua volta. Dessa forma, tais dispositivos também exercem uma grande influência sobre a maneira como alguém se comunica com as demais pessoas e os comportamentos que ele adota em seu dia a dia.

A partir deste capítulo, passamos a ver, em todos os seus detalhes, quais são as sete grandes atitudes mentais e suas subdivisões. Também vamos verificar casos reais de como pessoas que se destacam ou se destacaram em suas áreas de atuação utilizam tais ferramentas em seu dia a dia, para nortear seus comportamentos.

De um modo geral, as atitudes mentais indicam quais informações são consideradas pelo indivíduo e de que maneira elas serão assimiladas. Para entender melhor o significado disso, é preciso ver que uma pessoa pode receber muitos dados, mas sua mente consciente é limitada. Desse modo, sempre será preciso fazer uma seleção, uma edição, das informações que serão levadas em conta.

É preciso compreender ainda que as atitudes mentais são concepções cognitivas enraizadas. Assim, elas filtram de forma automática nossas experiências, ao mesmo tempo que guiam e dirigem nossos processos mentais. Como resultado, há diferenças significativas no comportamento de pessoa para pessoa. As atitudes mentais também definem os padrões típicos das estratégias ou dos estilos de pensamento, seja de um indivíduo, seja de um grupo de pessoas, uma instituição ou uma cultura.

Com esses conceitos estabelecidos, vamos verificar um pouco melhor como as atitudes mentais costumam atuar em uma série de aspectos da vida do indivíduo. São características que não só valem para o âmbito profissional, mas também se refletem nas demais áreas da vida, como no lado pessoal.

Isso posto, em primeiro lugar, veja quais são as sete atitudes mentais e suas subdivisões:

1) **Fonte de Motivação**

No que se refere à motivação de um modo geral, ao observarmos a forma como os diferentes tipos de pessoas abordam seus problemas e desafios ,podemos resumi-la a uma atitude mental com dois caminhos básicos:

**Pelo desejo (algo que não tenho e quero):** alguns indivíduos têm como fonte de suas motivações aquilo que desejam ter e não possuem em sua realidade atual. Por exemplo, imagine alguém que vê uma casa no estilo com o qual sempre sonhou. E, a fim de comprá-la, passa a guardar todo dinheiro que ganha, muda hábitos e demonstra disciplina.

**Pela dor (algo que tenho atualmente e me incomoda):** para algumas pessoas, a motivação surge a partir de algo que as incomoda em sua vida atual. Imagine alguém que esteja insatisfeito com seu emprego ou com seu casamento, por exemplo. Se isso alcança um nível insuportável, pode impulsionar o indivíduo a fazer algo para mudar tal situação.

## 2) Foco e Direção

No que se refere ao foco e à direção que cada pessoa dá aos assuntos com os quais tem de tratar, os indivíduos preferem adotar um tipo de atitude mental:

**Geral e ampla:** há indivíduos que têm uma visão mais global e ampla e isso norteia o foco e a direção que eles dão às coisas. Tais pessoas não costumam atentar em detalhes para tomar decisões, preferindo, em vez disso, se basear em grandes blocos de informações.

**Detalhista:** por outro lado, há aquelas pessoas que adotam uma visão mais específica e costumam se apegar a todos os detalhes em relação a seu foco e sua direção. As tomadas de decisão desses indivíduos requerem blocos menores de informação.

## 3) Como lido com meu dia a dia

A forma como cada pessoa lida com seu dia a dia se refere a como cada perfil de indivíduo armazena suas memórias, as orienta e acessa, assim como percebe a continuidade do tempo. Há quem enfatize mais o passado, o hoje ou o futuro.

**Com foco no passado:** há quem atue de uma forma mais orientada para o passado. Por essa característica, pessoas assim podem demonstrar em seus pensamentos e em suas ações traços um pouco mais conservadores em comparação com outros indivíduos.

**Com a cabeça no hoje:** outras pessoas operam com um foco mais direcionado para o seu momento atual, ao que ocorre hoje. Alguém com essa característica costuma demonstrar um perfil mais realizador e também gosta de resultados imediatos.

**Com olhar para o futuro:** pessoas que, em seu dia a dia, apresentam uma atitude mental mais voltada ao futuro; tendem a ser mais ligadas a temas como inovações. Tais indivíduos também têm como características atributos relacionados à intuição.

**4) Resolução de Problemas**

Quando um processo envolve pessoas executando uma atividade de forma conjunta, é possível enfatizar o perfil de protagonista ou de coadjuvante que cada um assume. Esse equilíbrio, sem dúvida, é a chave em relação ao gerenciamento de um grupo. Problemas e situações podem ser examinados à luz do resultado da tarefa ou em relação a questões envolvendo relacionamento.

**Protagonista:** em geral, quando analisamos uma atividade realizada em grupo, notamos que há pessoas que assumem uma função de maior protagonismo em relação a seus pares. Quem tem tal perfil adota uma posição de destaque em relação à execução de tarefas ou no que se refere aos relacionamentos.

**Coadjuvante:** por outro lado, existem indivíduos que preferem trabalhar sem se destacar em meio ao grupo. Atuam melhor quando encontram um ambiente mais colaborativo e têm uma maior predisposição a atuar de igual para igual com os outros na hora de realizar tarefas. Também prezam por ser mais discretos em todos os seus relacionamentos.

## 5) Estilo de Aprendizagem

Quando consideramos a maneira como cada pessoa aprende, podemos identificar pessoas com uma atitude mental mais ligada ao que lhe é semelhante e outras mais voltadas a assimilar informações por meio do que lhes é diferente.

**Pelo que é semelhante:** quem tende a aprender por meio daquilo que lhe é semelhante costuma ter uma atitude mental com foco naquilo que lhe é comum. Pessoas com esse perfil também se caracterizam por querer que seu universo permaneça sempre o mesmo. Quanto menos as coisas se modificarem, melhor para gente com esse perfil.

**Pelo que é diferente:** quem, por sua vez, enfoca o que lhe é diferente, em seu estilo de aprendizado, costuma apreciar aquilo que lhe é distinto. Para pessoas deste grupo, mudança é um modo de vida. E tais alterações podem ser habituais e de longo alcance. Elas esperam ou irão orquestrar grandes mudanças a cada um ou dois anos.

## 6) Padrão de Pensamento

Ao desenvolver estratégias para abordar problemas, diferentes indivíduos podem enfatizar combinações dos chamados padrões de pensamento, que são definidos por quatro fundamentos: o olhar, o raciocínio, o comportamento e o sentimento.

**Pelo olhar e pelo raciocínio:** a pessoa que atua por um padrão de pensamento com foco no olhar ou pelo raciocínio costuma observar o exterior, ou seja, aquilo que existe no seu entorno. Outra característica de quem tem uma destas atitudes mentais é a tomada de decisão com uma base mais racional.

**Pelo comportamento e pelo sentimento:** o indivíduo centrado no comportamento ou no sentimento costuma sempre olhar para dentro de si quando precisa tomar uma atitude. Outra característica de quem tem um desses padrões de pensamento é a tendência a atuar fundamentado em seus sentimentos.

Vale acrescentar que existem muitas combinações possíveis entre olhar, comportamento, raciocínio e sentimento. De modo geral, a pessoa pode ser mais racional em um determinado ambiente, como no trabalho, por exemplo, mas se mostrar mais ligada às emoções com sua família.

### 7) Preferências de Trabalho

Ao analisarmos grupos de pessoas em um ambiente de trabalho, encontramos quem prefira trabalhar sozinho, ou seja, de modo autônomo; outros apreciam ter pessoas por perto no desempenho das atividades profissionais, prezando, portanto, pelo convívio; e há um terceiro perfil, que se sente melhor como parte de uma equipe e, por isso, pode ser chamado de cooperativo.

**Autônomo:** pessoas com perfil autônomo gostam de desempenhar suas funções a sós ou ter responsabilidade exclusiva por suas tarefas. Caso tenham de trabalhar com outros profissionais ou dividir responsabilidades, a produtividade deles pode cair. Também não consultam outras pessoas com facilidade.

**Convívio:** já indivíduos que prezam pelo convívio gostam de ter responsabilidades claramente definidas e de ser os encarregados de tudo. Eles precisam que outros colegas estejam envolvidos, mas sem dividir responsabilidades nem o controle.

**Cooperativo:** por fim, os cooperativos apreciam trabalhar quando a responsabilidade e o controle são compartilhados com outras pessoas. O ambiente ideal para eles, por exemplo, apresenta uma equipe, mas com a característica de que todos se revezam, conduzindo e compartilhando a liderança e as responsabilidades.

Nos próximos capítulos, veremos mais detalhadamente como cada uma dessas atitudes mentais se aplica ao dia a dia das pessoas. Também veremos como pessoas de destaque em áreas diversas, como nas artes, nos esportes, nas ciências ou no mundo dos negócios podem ser identificadas pela forma como se comportam diante dos desafios.

# CAPÍTULO 8
# QUAL A ORIGEM DA SUA MOTIVAÇÃO?

## QUAL A ORIGEM DA SUA MOTIVAÇÃO?

Já parou para pensar por que você age de determinada maneira diante de uma situação, enquanto outra pessoa próxima, como um irmão seu, por exemplo, muitas vezes responde de modo completamente diferente? Por que alguém reage com agressividade em uma discussão, mas outras pessoas mantêm a serenidade? O que você sente diante de uma música calma ou agitada é diferente de como essas emoções se manifestam no outro. Ao ver dois indivíduos gargalhando, posso pensar que a cena é engraçada, mas alguém ao meu lado talvez interprete a mesma situação como exagerada.

Como já começamos a verificar no capítulo anterior, as pessoas adotam diferentes atitudes mentais em suas vidas. Isso é feito de uma maneira rotineira e automática, portanto, sem que nos demos conta. Entretanto, isso acaba por nortear a forma como cada indivíduo vê o mundo, além de seus comportamentos, pensamentos e sentimentos. Passaremos a detalhar cada um dos sete pilares que integram as atitudes mentais que as pessoas costumam adotar. O primeiro pilar que veremos é a **Fonte de Motivação**.

Alguma vez você já refletiu sobre o que o estimula a fazer as coisas? Ou observou nos outros o que lhes serve de impulso para agir? Afinal, o que está por trás do modo como cada indivíduo reage aos incentivos? O conceito que fundamenta esse pilar das atitudes mentais diz respeito ao fato de que os seres humanos sempre são motivados por duas situações: há quem aja **pelo desejo de obter algo**, o que significa dizer que aquela pessoa se movimenta para ter alguma coisa que ainda não tem, mas que quer muito; ou para **evitar a dor**, ou seja, há quem atue impulsionado por algo que tenha em sua realidade e o incomode.

Uma minoria, como veremos, combina um pouco dos dois perfis, alternando características de uma ou de outra vertente, de acordo com o momento. Apesar de, à primeira vista, quando analisamos apenas as frases que as definem, parecer haver uma diferença bastante sutil entre a motivação via desejo ou dor estamos tratando de posicionamentos radicalmente opostos.

E é importante ressaltar que todo comportamento humano gira em torno disso. Por mais básico que possa parecer, esse dado demonstra a força propulsora elementar que está por trás de todas as ações dos indivíduos. Assim, uma mesma atividade trará níveis distintos de motivação para diferentes pessoas.

## CORRER OU SE ESPARRAMAR NO SOFÁ?

Alguém pode se mostrar incrivelmente motivado para correr 10 quilômetros todos os dias pelo desejo de ter o corpo em forma. Já outra pessoa pode escutar todos os dias que ficaria em forma caso corresse ao menos um quilômetro, mas isso não é suficiente para motivá-la a levantar do sofá.

No entanto, agora imagine um indivíduo que não saiba nadar e se veja, de repente, diante de um grande perigo, como uma inundação em seu bairro, por exemplo, e que para escapar tenha de correr para se afastar da enchente. É possível que, diante disso, ele corra 20 quilômetros para evitar a dor que percebe: o risco real de morrer.

Com o exemplo acima, fica demonstrado como este pilar da atitude mental, a Força da Motivação, não é uma regra absoluta — assim como não o são todos os demais processos similares. Cada pessoa se move pelo desejo de ter alguma coisa, e se distancia de outras situações que a incomodam. As pessoas não reagem do mesmo modo a qualquer estímulo, mas todos têm uma forma dominante, ou seja, uma tendência mais forte, em relação a um modo de pensar do que a outro.

Alguns possuem mais predisposição a correr riscos, mostram maior energia e curiosidade. Com isso, se sentem mais à vontade para buscar o desejo naquilo que os estimula. Já outros demonstram ter mais cautela, são mais protetores e atentos.

Eles também enxergam o mundo como um ambiente repleto de perigos. Diante disso, costumam tomar medidas para evitar situações que considerem ameaçadoras ou prejudiciais. Portanto, por absoluto receio, acabam por não partir em direção daquilo que os excita.

Para descobrir de que maneira e por quais razões os indivíduos se movem, uma boa alternativa é perguntar a eles, por exemplo, o que procuram em um relacionamento ou para quando buscam uma carreira, uma casa, um emprego ou qualquer outra coisa. Ao formular uma resposta, eles vão lhe dizer o que desejam ou o que não querem. E o que isso significa sobre essa pessoa? Bom, simplesmente tudo.

## TORNE-SE UM APRENDIZ CURIOSO, COMO AS CRIANÇAS O SÃO

## O COPO ESTÁ METADE CHEIO OU METADE VAZIO?

Imagine, por exemplo, que você esteja vendendo um produto, como um smartphone. E, para divulgá-lo, tem duas opções: demonstrar o que ele faz ou o que ele não faz. Dessa forma, você pode tentar vendê-lo a alguém dizendo-lhe que ele é o smartphone mais leve, mais potente e mais sofisticado do mercado.

Ou, por outro lado, você pode afirmar que ele não consome tanta bateria, não requer muita manutenção e não chama tanto atenção, por ser discreto, o que o torna menos visado por criminosos. Você deve adotar uma estratégia de venda que seja compatível com aquilo que o seu potencial comprador mais valorize.

Nesse caso, se você utilizar uma informação que não acesse a atitude mental compatível, é provável que não atinja seu objetivo — nesse caso, adeus, venda. Afinal, em muitas situações, o que pode ocorrer é que você tentará conduzir a pessoa para obter alguma coisa, enquanto tudo o que ela quer é uma razão para recuar.

Pense que, desse modo, as pessoas agem de forma similar a um veículo, que pode andar por um mesmo caminho, mas em dois sentidos opostos: para frente ou para trás. Se você der um empurrãozinho, fará toda a diferença, desde que seja rumo ao lado para o qual a parte dianteira do carro estiver virada. Tudo sempre vai depender da direção para a qual ele estiver voltado.

Vamos supor que você deseje que seu filho estude com mais vontade. Você pode lhe dizer: "é melhor você se dedicar aos estudos ou não conseguirá notas para entrar numa universidade respeitada".

Ou, de outra forma, você poderia afirmar, enfaticamente: "se você não estudar, será reprovado, como tantos outros jovens, e passará o resto da vida em empregos ruins. É isso o que quer?" Como cada um desses argumentos irá funcionar depende do seu filho.

Caso ele seja motivado por se afastar da dor, seu argumento pode ter efeito, pois a ideia de ir para uma universidade sem renome, não ser aprovado ou fracassar na vida profissional talvez lhe cause um sofrimento a ser evitado. Porém, se ele for alguém que se mova pelo desejo, por aquilo que considere atraente, provavelmente a estratégia não dará resultado.

Você não conseguirá mudar o comportamento dele mostrando algo do qual ele deva se afastar. Quanto mais você insistir, pior será, pois usará a ferramenta errada. É possível que a pessoa que se move em direção às coisas que deseja fique irritada ou chateada com quem lhe mostre aquilo de que deva se afastar.

Caso seu filho se mova em direção ao que lhe atrai, a melhor forma de motivá-lo seria dizer algo como: "se você estudar e sempre conquistar boas notas, poderá escolher a faculdade que quiser". Percebe a diferença? As abordagens são completamente distintas.

Quando focamos a esfera profissional, ao analisarmos a distribuição dos tipos, temos que 4 em cada grupo de 10 pessoas possuem um perfil voltado a **se motivar pelo desejo do que quer**, ou seja 40% do total. Outros 4 em cada 10 (40%) têm perfil de **se motivar para evitar a dor**. Por fim, uma menor parte, de 2 em cada 10 indivíduos (os 20% restantes), possuem perfis mistos, em que se alternam características de **se motivar pelo desejo** e **se impulsionar para se afastar da dor.**

## ANÁLISE DOS ESTÍMULOS

Vamos começar analisando o perfil das pessoas que costumam se mover a fim de se aproximar daquilo que querem, ou seja, de seus desejos. Podemos dizer que a energia que impulsiona a motivação desses indivíduos é centrada em suas metas e realizações.

Alguém que se aproxima da meta, por exemplo, mantém um foco no objetivo e se motiva com sua realização. Tais pessoas não perdem seus propósitos de vista, uma vez que se mantêm motivadas a ter, conquistar, atingir, conseguir e alcançar. Por tudo isso, elas tendem a ser boas quando precisam lidar com prioridades.

Ao mesmo tempo, por vezes, elas demonstram ter certa dificuldade para reconhecer o que precisa ser evitado ou para identificar problemas. Elas são claras sobretudo em termos do que querem. Para motivar indivíduos com esse perfil, o melhor modo é utilizar termos como: *metas*, *objetivos*, *alcançar*, *executar*, *conseguir*, *obter*, *recompensa* etc.

Para identificar alguém assim, a dica é verificar se a pessoa usa palavras relacionadas aos propósitos dela e se costuma falar sobre metas e resultados. Pensando no tipo ideal de trabalho para esse perfil, seria aquele com objetivos a serem atingidos. Reflita sobre as pessoas próximas a você. Você conhece alguém assim? E como você mesmo classifica sua fonte de motivação?

## O CÉU É O LIMITE

Ao longo da história do mundo, não faltam exemplos de pessoas que se notabilizaram por demonstrar ter motivação a partir daquilo que desejavam. Quer um exemplo maiúsculo? O visionário Steve Jobs (1955-2011), conhecido não apenas por sua motivação norteada por aquilo que ele almejava, mas também por antecipar os desejos dos consumidores dos produtos criados por ele. Há até quem diga que as pessoas "nem sabiam" que sonhavam ter para si um produto da Apple, até colocarem os olhos ou as mãos em um.

Jobs teve sua trajetória contada em uma infinidade de livros, além de ser levada às telas dos cinemas em dois longas-metragens, realizados em 2013 e 2015, e ainda ter sido tema de filmes para a TV e documentários.

Considerado um dos maiores inventores de sua época, Jobs é associado à tecnologia, como cofundador e presidente da Apple, mas revolucionou outras áreas, que vão muito além dos computadores e alteraram o comportamento de uma parcela considerável de pessoas ao redor do mundo, impulsionando toda a indústria a outros patamares.

Produtos como iPhone, na telefonia; iPod e iTunes, no consumo de música; e iPad, na área de tablets, se destacam dentre as criações saídas da mente de Jobs. Porém, a empresa de animação Pixar, da qual ele foi diretor-executivo, também mudou a indústria cultural e de entretenimento, ao produzir títulos como *Toy Story*, *Monstros S.A.*, *Procurando Nemo*, *Os Incríveis*, *Carros*, entre muitos outros, em parceria com a Disney.

O desejo como fonte de motivação de Jobs também fica claro quando observamos alguns traços de sua vida pessoal[39]. Em 1974, decidiu aderir ao budismo ao viajar para a Índia com um amigo. Surpreendeu a todos, ao voltar aos Estados Unidos com roupas típicas de monges e a cabeça raspada. Abandonaria as roupas pouco depois, mas seguiu firme na crença. Tanto que em 1991, se casou com Laurene Powell, mãe de três de seus quatro filhos, com a benção de um sacerdote zen budista.

Jobs e Laurene se conheceram em 1990, quando ele foi fazer uma palestra na Universidade Stanford, onde ela estudava economia. Numa entrevista ao jornal The New York Times, Jobs contou como foi o encontro: "Eu estava no estacionamento, já com a chave no carro na mão, quando a vi e pensei comigo: 'se esta fosse minha última noite na Terra, eu preferiria passá-la em uma reunião de negócios ou com essa mulher?' Então, corri pelo estacionamento e perguntei se ela jantaria comigo. Ela disse: 'Sim'. Nós caminhamos pela cidade e estamos juntos desde esse dia".

## SOFRIMENTO PARA LONGE

Agora que vimos o desejo como fonte de motivação, podemos conferir como age quem costuma se movimentar a fim de evitar a dor, ou seja, se afastar de algo que lhes cause algum desconforto ou sofrimento. O impulso desse tipo de pessoas se baseia nos problemas a serem tratados e nos assuntos que precisam

---

[39] Veja. *A vida extremamente privada de Steve Jobs.* Não paginado. Disponível em: <https://veja.abril.com.br/tecnologia/a-vida-extremamente-privada-de-steve-jobs/>. Acesso em: 06 nov. 2019.

ser contornados. Quem atua motivado pela dor também costuma perceber aquilo que deve ser evitado ou as coisas das quais precisa se livrar ou consertar.

Tais indivíduos são estimulados quando existe um contratempo que eles identificam e que requer uma solução ou, ainda. quando algo deve ser sanado ou afastado. Por sua natureza, são pessoas com habilidade para buscar erros que precisam ser corrigidos, solucionar problemas e identificar possíveis obstáculos, uma vez que encontram o que está errado de modo praticamente automático. Afinal, é o que as motiva a agir.

Alguém assim pode estabelecer metas, mas é facilmente distraído por situações negativas e com frequência irá largar tudo para corrigir alguma coisa. São pessoas que demonstram dificuldades em gerenciar prioridades. Costuma-se identificar esse tipo de pessoa por palavras como: *prevenir, evitar, afastar-se, consertar, solucionar, proibir, se livrar...* O tipo de trabalho ideal para indivíduos com esse perfil é um que envolva a identificação de problemas. O estilo de gestão desse perfil é de administração por crises.

Se olharmos para nossos personagens, por exemplo, o publicitário Fernando, que não consegue se concentrar no que deve fazer e vive se "perdendo" em meio àquilo que claramente não é prioritário, se enquadra nesse perfil. Como veremos, ele somente passa a agir com mais atitude quando o sofrimento por perder clientes, ver a energia elétrica da casa ser cortada e a ameaça de ver seu casamento naufragar o motivam a isso.

## DOR EM SÉRIE

Vencedora de 148 prêmios e com 228 indicações, *Breaking Bad*, uma das séries de maior sucesso da história da TV em todo o mundo, nos apresenta ao protagonista Walter White (brilhantemente[40] interpretado por Bryan Cranston). No enredo, Walter era um químico talentoso e promissor, cofundador de uma empresa que se tornaria bilionária. Porém, bem antes disso, ele decidiu sair da companhia e vender suas partes nas ações por míseros cinco mil dólares, alegando razões pessoais.

Esse é o ponto de partida da série, que mostra como Walter se tornou um professor de química infeliz e desiludido. Porém, tudo muda após ele ser diagnosticado com câncer pulmonar e descobrir que tem apenas alguns meses de vida. A partir disso, ele se motiva a alterar sua história radicalmente. Sem que ninguém saiba, o então pacato mestre de escola secundária passa a fabricar a droga metanfetamina, a fim de conseguir dinheiro e, assim, garantir a segurança financeira de sua família após sua morte iminente.

A dor do personagem está simbolizada no desespero dele ao imaginar que sua mulher grávida e seu filho deficiente podem passar necessidade mais adiante, já que a família está cheia de dívidas por conta do tratamento médico de Walter. Assim, para afastar essa dor, ele decide que fará qualquer coisa para que não sofram com isso. Impulsionado pelo medo de não oferecer dignidade a sua família, Walter usa suas habilidades e seus

---

40 IMDB. Breaking Bad (2008-2013) - awards. *Não paginado. Disponível em: <https://www.imdb.com/title/tt0903747/awards?ref_=tt_awd>. Acesso em: 04 nov. 2019.*

conhecimentos em química a favor do crime. Não demora para passar a ganhar uma fortuna.

Com o decorrer da série, Walter vai gradualmente se tornando sombrio e perverso, sofrendo uma significativa mudança psicológica em relação aos primeiros episódios. Para nós, vale a reflexão: se não fosse pela dor como motivação, o imenso talento demonstrado pelo personagem não poderia ter sido utilizado de outra forma? Afinal, quantas vezes as pessoas, em vez de buscar impulsos a partir do que desejam, acabam agindo somente quando são surpreendidas por uma dor ou por um medo? A vida imita a arte, muitas vezes.

> *"Há quem aja pelo desejo de obter algo, o que significa dizer que aquela pessoa se movimenta para ter alguma coisa que ainda não tem, mas que quer muito; ou para evitar a dor, ou seja, há quem atue impulsionado por algo que tenha em sua realidade e o incomode."*

# CAPÍTULO 9
# EM QUAL DIREÇÃO E COM QUAL FOCO

## EM QUAL DIREÇÃO E COM QUAL FOCO

Talvez você conheça gente que, ao se expressar, parece sempre estar pensando de uma forma mais abrangente, no todo, sem se ater a pormenores. É como se olhasse para qualquer situação de uma forma global. Por outro lado, é possível que você também já tenha deparado com outro tipo de pessoa, com características opostas ao perfil anteriormente descrito, ou seja, gente que faz questão de se apegar a todos os pontos, a qualquer tipo de minúcia, que não deixa passar a menor das sutilezas.

Assim como vimos que há quem tenha como fonte de motivação o desejo, e outros, que guiam seus passos pela dor, quando verificamos a atitude mental de cada pessoa em relação ao **Foco e à Direção** sobre os assuntos com os quais têm de tratar, temos dois tipos de pessoas: um perfil geral e amplo, cujos indivíduos têm uma visão mais larga e extensa, e isso norteia o eixo e a orientação que eles dão às coisas; e um perfil detalhista, com pessoas que adotam uma visão mais específica e costumam se apegar a todas as particularidades em relação aos temas que abordam.

Pessoas que integram o primeiro grupo não costumam atentar em detalhes quando tomam decisões, por exemplo. Em vez disso, optam por se basear em grandes blocos de informação, nessas situações. Quem se enquadra nesse perfil também prefere operar em um nível teórico, mais intangível, ou numa visão global. Caso seja necessário, esse indivíduo até pode trabalhar considerando pormenores, mas o mais provável é que ele se torne entediado ou frustrado nessas condições.

Por vezes, os pensamentos de quem tem esse perfil também podem parecer desconectados, quando ele descreve vários aspectos de sua visão global, a qual ele consegue ter em totalidade. Ao falar, essa pessoa pode fornecer um resumo ou demonstrar conceitos abstratos por uma simples frase, mas sempre com pouco detalhamento.

A melhor maneira de motivar alguém com esse perfil geral e amplo é, evitando muitas minúcias, procurar usar generalizações e descrever uma visão geral das coisas. Indivíduos incluídos nesse grupo, por exemplo, não seriam bons em funções que necessitem de foco em detalhes. Por suas características, iriam cometer muitos erros em situações assim. Por outro lado, são bons para planejar e para elaborar estratégias de desenvolvimento. Poderiam se destacar em algumas ocupações, como gerentes de projetos ou de pessoas.

O cérebro dessas pessoas funciona de forma randômica. Não se importam com os pormenores ou preferem elas mesmas preenchê-los. Se a informação for fornecida com muitos detalhes, elas se chateiam. Compreendem bem os contextos e padrões e têm dificuldade em perceber e acompanhar processos passo a passo. Trabalham melhor quando podem delegar a outros os detalhes. São bons gerentes, delegam tarefas.

## AMPLITUDE DE IDEIAS

Ativista político, pacifista, cantor, compositor, guitarrista e cofundador daquela que é considerada a maior banda de todos os tempos. Sim, estamos falando de John Lennon (1940-1980) e dos

Beatles, duas lendas da história da música mundial. Por várias razões, no que se refere à atitude mental, Lennon pode ser considerado o integrante com foco e direção mais amplo e global dentre os "quatro garotos de Liverpool".

Rebelde e inteligente, criticou a Guerra do Vietnã, o que quase lhe rendeu uma deportação dos EUA, onde vivia desde 1971. Antes, em 1969, Lennon enviou uma carta à rainha da Inglaterra, explicando que estava devolvendo sua medalha da Ordem do Império Britânico, maior honraria concedida na Grã-Bretanha e que os Beatles haviam recebido quatro anos antes, em protesto contra o envolvimento do Reino Unido numa guerra civil na África.

Porém, em 1966, o cantor faria uma afirmação tão grandiosa quanto polêmica, sobre os Beatles e religião, que lhe traria consequências no curto e no longo prazos. Ele disse: "O cristianismo irá desaparecer e encolherá. Não preciso discutir sobre isso. Estou certo e me provarei certo. Somos mais populares que Jesus agora. Não sei qual irá primeiro, o rock'n'roll ou o cristianismo". Seria o suficiente.

Publicada originalmente em março daquele ano, no jornal londrino *The Evening Standard*, a entrevista não provocou reações na Grã-Bretanha. No entanto, ao serem republicados quatro meses depois nos EUA, os comentários de Lennon deram início a protestos de comunidades cristãs, ameaças e boicotes à banda. A controvérsia coincidiu com a turnê norte-americana dos Beatles naquele ano.

Estações de rádio deixaram de tocar as músicas do quarteto, discos foram queimados em praça pública, entrevistas coletivas foram canceladas, e alguns shows da banda enfrentaram piquetes de integrantes do grupo racista Ku Klux Klan na porta do local de realização. Diante disso, o empresário da banda promoveu uma série de entrevistas coletivas, e Lennon se viu obrigado a pedir desculpas publicamente pelas declarações. O estrago, porém, estava feito. A polêmica ofuscou a cobertura pela imprensa do mais recente álbum dos Beatles, *Revolver*, e contribuiu para a decisão da banda de parar de fazer turnês.

Porém, 14 anos mais tarde, aquelas palavras ainda pareciam ecoar perigosamente. Em 1980, Lennon foi surpreendido e assassinado em Nova York, com quatro tiros pelas costas, por Mark Chapman, um fã dos Beatles, mas também um cristão motivado, em parte, pelas observações sobre religião feitas pelo ex-beatle e pela citação "mais popular que Jesus".

## TUDO NOS MÍNIMOS DETALHES

Verificamos como alguém com foco e direção globais age. Agora, veremos como atuam os indivíduos que são detalhistas. Quem tem uma atitude mental voltada aos pormenores precisa de blocos menores de informação, para que façam sentido em um quadro maior. Essas pessoas querem detalhes. Assim, se a quantidade de informação for muito geral (muito abstrata), elas dirão que estão recebendo material irrelevante, vago. Precisam dos dados esmiuçados para uma sequência de operações. O cérebro funciona em sequência, requerendo o "como começar" e o que fazer depois. Os detalhistas entendem e reconhecem apenas a parte em que estão e não o todo.

Não têm visão global, não conseguem ver o geral nem por um momento, acham que os outros não podem compreender as coisas sem os detalhes. Quando contam uma coisa, contam-na com muitos pontos, usando muitos nomes próprios e adjetivos; tudo é bastante aprofundado. Falam até daquilo que fizeram antes daquilo que querem relatar.

Uma pessoa detalhista, por exemplo, não é capaz de entender a situação financeira de uma empresa, muito embora possa ser um bom contador. Quem pertence a esse grupo dá preferência por trabalhar com pequenos fragmentos de informação e muitos fatos e minúcias. Tais indivíduos também enxergam os dados em sequências lineares e, por isso, podem apresentar dificuldade em conectá-los para conseguir uma visão geral.

Para motivar um detalhista, devem-se fornecer muitas informações, em uma sequência que seja claramente definida. Uma dica adicional é usar, na comunicação com quem tenha esse perfil, palavras como *exatamente*, *especificamente*, *em particular* etc. Estamos falando de indivíduos que podem desempenhar bons papéis em funções em que tenham de lidar com detalhes por longos períodos de tempo.

Se observarmos um ambiente profissional, ao elaborarmos como se dá a distribuição desses tipos, temos que 4 em cada grupo de 10 pessoas têm um perfil voltado a lidar com informações globais, o que corresponde a 40% do total. Outros 4 em cada 10 (40%) têm perfil detalhista. E, uma menor parte, de 2 em cada 10 indivíduos (os 20% restantes), apresentam perfis mesclados, em que alternam características de ambos os perfis.

## CÉREBRO METICULOSO

Na história da música, poucos seres humanos demonstraram a genialidade no nível de Wolfgang Amadeus Mozart (1756-1791). Compositor de enorme talento e de grande influência na chamada Era Clássica, Mozart nasceu em Salzburgo (um principado à época, onde atualmente temos a Áustria), e se mostrou um prodígio desde a infância, fase em que já tocava com competência violino e cravo (espécie de "avô" do piano moderno). Debruçar-se sobre suas criações equivale a um mergulho profundo na mente de um detalhista.

A partir dos cinco anos de idade, ele já se apresentava com destaque para a realeza europeia e compunha, embora alguns pesquisadores defendam que era o pai de Mozart, Leopold, quem na verdade escrevia as peças. Aos 17, estava envolvido como músico na corte de Salzburgo. Ao longo de sua trajetória, produziu mais de 600 obras, muitas das quais são reconhecidas como obras-primas da música sinfônica, de câmara, ópera e coral. Tal número impressiona mais quando se sabe que o artista teve uma vida breve — morreu aos 35.

Por sua coleção de trabalhos, muitos deles repletos de minúcias, Mozart se tornou um dos compositores clássicos mais duradouros, e sua presença é profunda na música e na arte ocidental que viria a seguir. Outra estrela de primeira grandeza, o alemão Ludwig van Beethoven, 15 anos mais novo que Mozart, compôs seus primeiros trabalhos sob o impacto das composições do colega de Salzburgo. Já Joseph Haydn, compositor e amigo de Mozart, escreveu: "A posteridade não verá esse talento novamente em 100 anos".

As características pessoais de Mozart ficam evidentes em diversos pontos de sua carreira artística. Em 1782 e 1783, por exemplo, ele se familiarizou intimamente com o trabalho dos mestres barrocos Johann Sebastian Bach e Georg Friedrich Händel, ao entrar em contato com muitos manuscritos deles. O estudo detalhado dessas partituras por Mozart inspiraria composições nesse estilo e, mais tarde, iria influenciar sua linguagem musical — como, por exemplo, em passagens de *A Flauta Mágica* e no final da *Sinfonia n.º 41*.

Sempre meticuloso do ponto de vista artístico, Mozart geralmente trabalhava bastante e de modo duro, finalizando composições em um ritmo extraordinário, à medida que os prazos de entrega se aproximavam. Também costumava fazer muitos esboços e rascunhos, mas em geral eles acabaram não sendo preservados para a posteridade, pois sua mulher, Constanze, decidiu destruí-los após a morte do compositor.

Artista versátil, Mozart escreveu em todos os principais gêneros, como sinfonia, ópera, concerto-solo e música de câmara, incluindo composições para quarteto de cordas, quinteto de cordas e sonata para piano. Tais formas não eram novas, mas ele imprimiu avanços em sofisticação técnica e alcance emocional. Praticamente sozinho, o compositor desenvolveu e popularizou o concerto para piano clássico. Tudo fruto de talento e de sua personalidade.

Mozart mudava seu foco entre óperas e música instrumental. Em algumas obras, fez alterações sutis em orquestração, para dar profundidade emocional e marcar mudanças dramáticas. Assim, conseguiu avanços importantes: o uso cada vez mais sofisticado da orquestra nas sinfonias e concertos influenciou sua produção de óperas, e sua evolução em delicadeza na utilização da orquestra com efeitos psicológicos nas óperas, por sua vez, se refletiu nas composições desse gênero. Foi um gênio em todos os detalhes.

> "Quando verificamos a atitude mental de cada pessoa em relação ao Foco e à Direção sobre os assuntos com os quais têm de tratar, temos dois tipos de pessoas: um perfil geral e amplo e um perfil detalhista."

# CAPÍTULO 10
## EM QUE TEMPO VOCÊ VIVE?

## EM QUE TEMPO VOCÊ VIVE?

Sem disciplina, a arquiteta Helena não tem conseguido seguir a reeducação alimentar passada por nutricionistas, o que vem se refletindo em sua saúde. De certo modo, isso está relacionado ao trauma causado por um acidente de carro que sofreu no passado. Já Roberto, o engenheiro que "explode" com grande facilidade, vive com tanta intensidade o presente que por vezes exagera. Graças a isso, já viu relacionamentos naufragarem e chances profissionais virarem pó. Para ele, é como se não houvesse amanhã. E a designer Cecília, por sua vez, não consegue se impor e vive se comprometendo com todos, por puro medo de magoar as pessoas. No fundo, ela acredita que pode precisar delas no futuro, mas, com isso, acaba detonando seu presente.

A atitude mental de **como cada um lida com seu dia a dia** é reveladora e indica os caminhos que as pessoas preferem escolher para realizar suas ações e chegar a seus objetivos. A maneira como os indivíduos tratam as coisas em seu cotidiano tem relação com como cada perfil de pessoa guarda suas lembranças, as organiza e as conecta, da mesma forma com como se relaciona com a passagem do tempo. Nesse sentido, há quem dê mais importância **ao passado**, **ao hoje** ou **ao futuro**.

Você já parou para pensar se presta mais atenção ao passado, ao presente ou ao futuro? Veremos, neste capítulo, as explicações, assim como as implicações desses diferentes tipos de abordagens.

Mas, primeiro, vamos a uma contextualização teórica. Pensamento, sentimento, intuição e sensação são as quatro funções cognitivas básicas elaboradas pelo psiquiatra e psicoterapeuta suíço Carl Gustav Jung (1875-1961), fundador da psicologia analítica, em seu livro *Tipos Psicológicos*, fruto de duas décadas de estudos e escrito originalmente em 1921[41]. Em seu extenso e valioso trabalho, Jung chamou o pensamento e o sentimento de funções racionais ou de julgamento. Por outro lado, ele classificou a intuição e a sensação como funções irracionais ou de percepção. Jung acreditava que, para cada pessoa, cada uma das funções é expressa, principalmente, em uma forma introvertida ou extrovertida.

Em linhas gerais, Jung assim definiu as funções racionais: o pensamento exerce a função de discriminação lógica ou de julgamento. Também nos diz do que trata tudo aquilo que existe, e ainda nos faz refletir e planejar. Por meio dele, julgamos sob a ótica da lógica e da eficiência. Já o sentimento, segundo Jung, também é racional, uma vez que avalia aquilo de que gostamos. É discriminatório, reflexivo, integra a função do julgamento subjetivo e nos dá o valor. Por meio dele, tomamos decisões segundo uma análise de valores próprios: como bom ou mau, certo ou errado. Quem é regido pelos sentimentos tem preferência por emoções intensas, mesmo que negativas, a experiências monótonas e mornas.

---

41 **Jung, C. G. Tipos psicológicos.** *7. ed. Petrópolis: Editora Vozes, 1991.*

Por sua vez, as funções consideradas irracionais, de acordo com Jung, são definidas do seguinte modo: a sensação é responsável por observar o que está presente no mundo exterior a nós, pois é a percepção que temos por meio dos órgãos dos cinco sentidos. Desse modo, ela também nos assegura que algo existe. A intuição, a seu modo, capta o que está no mundo interior, pois é a percepção a partir do inconsciente. Ela tem a capacidade de nos dar um palpite sobre o que podemos fazer com tais informações.

Numa perspectiva de mundo ideal, seria perfeito se cada indivíduo tivesse acesso consciente a cada respectiva função exigida ou apropriada para as diversas circunstâncias da vida. No entanto, esse controle não existe de um modo consciente. Cada pessoa possui uma função principal, aquela que é mais forte nela, chamada de superior ou dominante. É a mais utilizada por aquele indivíduo, porque é nela que ele sente maior facilidade. Em comparação, as outras são inferiores a essa no que tange à utilização.

As funções inferiores seguem em um estado praticamente primitivo, muitas vezes de uma forma semiconsciente ou plenamente inconsciente. A função inferior do indivíduo concentra informações não conscientes, e a pessoa tem pouco entendimento ou controle sobre ela. Ela é autônoma. Há, ainda, a chamada função auxiliar, que é consciente e parcialmente desenvolvida. Trata-se de algo diferente da função superior, mas que não é antagônica a esta. Quanto mais desenvolvidas e conscientes forem as funções dominantes e auxiliar na pessoa, mais inconscientes serão as demais nela.

Feitas essas considerações, temos que pessoas com características relacionadas à categoria do sentimento, por exemplo, frequentemente têm um enfoque de tempo associado ao passado. Já alguém com qualidades voltadas à sensação, conforme as funções definidas por Jung, costuma funcionar no tempo presente. Por fim, quem tem atributos relacionados à intuição, de acordo com as funções estabelecidas pelo psiquiatra, é principalmente focado no futuro.

Indivíduos ligados ao pensamento, uma quarta categoria, segundo Jung, tendem a ser mais atemporais, vivendo "fora do tempo" e considerando as coisas de uma posição que vai além de passado, presente e futuro. No âmbito profissional, seriam pessoas com vocação para atuar como cientistas e pensadores, por exemplo.

### ORIENTADOS PELO PASSADO

Quem tem uma atitude mental voltada para o **passado** pode demonstrar, em seus pensamentos, sentimentos e em suas ações, características um pouco mais conservadoras, na comparação com as outras pessoas. Trata-se de um indivíduo que naturalmente não aprecia mudanças muito rápidas ou drásticas no status quo, ou seja, no estado atual. Em vez disso, prefere se sentir seguro, sem sobressaltos, mantendo-se em uma zona de conforto que conheça bem. Desse modo, essas pessoas abrem mão de uma evolução mais rápida, por conta de suas escolhas. "Devagar também se chega", seria o slogan delas.

Alguns indivíduos que vivem com foco no passado estabelecem uma visão mais negativa, enquanto outros desenvolvem um ponto de vista mais positivo em relação a isso. Há quem viva no presente, mas preso a sentimento de culpa do que ocorreu, por arrependimento de algo que tenha feito no passado ou de alguma coisa que tenha deixado de fazer. Isso, em casos mais agudos, pode até mesmo paralisar a pessoa, que tem seus pensamentos, sentimentos e ações ligados a acontecimentos pregressos.

Por outro lado, outros indivíduos podem ter no passado uma fonte de inspiração e aprendizado, para viver os dias atuais de uma forma mais rica e produtiva. Quem busca em momentos já ocorridos um modo de se motivar, tende a fazer as coisas da melhor forma que puder, no seu tempo atual. Desse modo, vive com mais propósito e se aproxima daquilo que entende ser suas realizações.

Ainda sobre esse tema, podemos observar que quando uma pessoa com essa atitude mental enfrenta algo que vem acompanhado de um impacto dramático ou emocional sobre ela, costuma manter esse entendimento no presente, assim como revive a emoção ligada a esse ponto específico. Imagine que esse indivíduo se lembre de um momento em que estava na escola e recebeu das mãos do professor a nota de um teste importante. E o resultado foi uma nota baixa, escrita com caneta vermelha na prova que lhe foi entregue.

Essa memória é suficiente para fazer com que alguém que viva com foco no passado experimente novamente os sentimentos de outrora sempre que for passar por alguma avaliação, o que certamente trará impactos para o presente dessa pessoa. Dessa maneira, é preciso que ela procure uma forma de lidar com isso, para não ficar prisioneira de um trauma.

## A DEPRESSÃO DA DIVA

Entre os perfis de pessoas com tendência a focar o passado, destacam-se indivíduos com características para trabalhar com valores artísticos. Nesse sentido, peguemos, por exemplo, a cantora, atriz e compositora norte-americana Beyoncé, uma pessoa com características de ter foco no passado. Uma das mulheres mais bem-sucedidas do showbiz, ela acumula 22 prêmios Grammy e tem uma fortuna avaliada em inacreditáveis 350 milhões de dólares, segundo a revista *Forbes*[42].

Com tamanho sucesso e dinheiro, você deve imaginar que a cantora jamais enfrenta problemas como nós, "pobres mortais", certo? Bom, veja o que ela mesma já disse a esse respeito. Numa entrevista em 2006[43], Beyoncé admitiu que, durante as disputas judiciais após o fim de sua antiga banda, a Destiny's Child, ocorrido em 2000, ela sofreu de depressão por causa das brigas entre as

---

[42] ROBEHMED, N. *America's richest female celebrities 2017: Oprah, Judge Judy and Beyoncé rule.* Não paginado. Disponível em: <https://www.forbes.com/sites/natalierobehmed/2017/05/17/americas-richest-female-celebrities-2017-oprah-judge-judy-and-beyonce-rule/#402e4e5b2324>. Acesso em: 06 nov. 2019.

[43] JOHNSON, C. *Beyoncé on love, depression and reality.* Disponível em: <https://www.cbsnews.com/news/beyonce-on-love-depression-and-reality/>. Acesso em: 06 nov. 2019.

outras integrantes do trio, LeToya Luckett e LaTavia Roberson, e o pai de Beyoncé, Mathew Knowles, que gerenciava sua carreira.

Um típico caso de alguém que se vê, no presente, refém de situações de seu passado. A cantora sempre foi muito ligada ao pai. Valorizar bastante as relações familiares é outro traço de quem tem uma atitude mental com foco no passado. Beyoncé conta que, naquela mesma época, também foi publicamente atacada pela mídia, por críticos e blogs, o que teria agravado seu quadro depressivo.

Como se já não fosse suficiente tudo isso, em paralelo, o namoro de sete anos da moça também havia acabado, jogando ainda mais querosene numa fogueira de labaredas consideráveis. O relacionamento havia começado quando ela estava com 12 anos e durou até os 19 anos da cantora. Segundo Beyoncé, a depressão foi grave e durou dois anos. No período em que a situação se manifestou, ela afirma que se mantinha em seu quarto durante dias e se recusava a comer qualquer coisa. O passado a consumia.

A cantora disse que se esforçou para não falar sobre a sua depressão à época, pois a Destiny's Child havia acabado de ganhar seu primeiro Grammy Award, e ela temia que ninguém levasse sua condição a sério. Ou seja, em seu momento presente, ela sofria com tamanha culpa, que isso anulava qualquer chance de que ela vivesse o dia de hoje de uma forma minimamente saudável. Com o tempo, no entanto, Beyoncé conseguiu administrar melhor a forma como lidava com o tempo passado, e sua carreira decolou de vez. A imagem que todos temos dela é de alguém forte e determinada, mas foi preciso trabalhar isso.

## TUDO NO PRESENTE

Vimos as questões envolvidas na atitude mental de quem tem seu foco no passado. Agora já podemos nos debruçar sobre quem mantém a sua atenção no dia de hoje. Quem funciona assim, mais direcionado ao **presente**, certamente é alguém com perfil de realizador e que gosta de resultados imediatos. Para ele, o passado já está morto e sepultado. E o futuro é apenas um projeto abstrato. Por isso, *carpe diem*, ou seja, aproveite o momento!

Quem se enquadra neste grupo se preocupa com os prazeres e benefícios que o presente pode lhes oferecer. Por conta disso, alguém assim não costuma apresentar grandes inquietações em relação ao futuro. Tais pessoas, por exemplo, são aquelas que jamais adiam uma gratificação pensando em benefícios que possam chegar mais à frente. O lema delas poderia ser "não deixe para amanhã o que você pode aproveitar hoje".

Em contrapartida, por terem esse olhar bastante focado no instante, são pessoas com dificuldade para atitudes como guardar dinheiro, planejar estratégias para daqui algumas semanas ou qualquer ação que não esteja vinculada ao presente. Conviver com pessoas desse perfil é estar perto de alguém que sempre procura viver o momento. Concentram suas energias e esforços em buscar o quanto antes o que consideram importante, uma vez que o conceito de futuro, para elas, é algo abstrato.

Como em todo e qualquer perfil, tal atitude mental traz vantagens e desvantagens. O ponto positivo de quem vive o dia de hoje é que essa pessoa não fica presa a eventos que já ocorreram e que poderiam travar seu desenvolvimento. Por outro lado, se isso for algo muito exacerbado, o indivíduo que não valoriza o ontem pode não usufruir os valiosos ensinamentos daquilo que já transcorreu em sua vida. Daí, corre o risco de reproduzir um erro por falta de sabedoria em avaliar que uma situação também se repete.

Da mesma forma, o sujeito que vive exclusivamente com foco no hoje pode apresentar pontos positivos e negativos no que se refere à sua relação com o futuro. A pessoa que tem o foco firme no presente não sofre com uma ansiedade com os dias vindouros. Assim, se tem que realizar algo nessas datas, a incerteza de como será o amanhã não a abala. Com isso, ela pode se concentrar nas suas tarefas imediatas, o que é benéfico para situações que exijam assertividade, por exemplo.

No entanto, uma vez mais, se houver um exagero nessa "despreocupação" com o futuro, a pessoa pode acabar gastando tudo o que tiver no momento, uma vez que o tempo que virá é algo que não lhe diz respeito. Assim, dinheiro, energia ou quaisquer outros recursos podem ser completamente mal utilizados. E quem consome tudo no hoje pode chegar ao amanhã sem nada, como qualquer cigarra que converse com suas colegas formigas sabe bem. Portanto, é preciso aprender a dosar a medida, sempre. Nada de se preocupar demais com o amanhã, mas viver o hoje com a sabedoria de quem sabe que é preciso poupar para o futuro. O tempo, afinal, é a chave para qualquer desenvolvimento.

ENCARE DESAFIOS COMO TRAMPOLINS PARA ALCANÇAR OBJETIVOS

## A COMPULSÃO DO ASTRO

Quando avaliamos sob o ponto de vista do trabalho, o indivíduo que foca o hoje pode conquistar um bom desempenho em carreiras em que sua determinação seja exigida — como a de atleta, por exemplo —, ou em funções ligadas a inovações. Um excelente exemplar de pessoa com foco no presente, aliás, é Michael Jordan, astro do basquete da NBA (liga norte-americana de basquete) e da seleção dos EUA, o Dream Team (Time dos Sonhos), que fez história nos Jogos Olímpicos de 1992 em Barcelona, na Espanha.

Aplicado e talentoso como pouquíssimos dentro de uma quadra, Jordan jogou 15 temporadas na NBA e venceu seis campeonatos com o Chicago Bulls, sempre deixando números impressionantes por onde passava. Apesar de ter parado em 2003, ele detém alguns recordes da liga até hoje. Para muito além das estatísticas, o astro fazia jogadas tão perfeitas e improváveis que costumavam ser comparadas às de outro gênio absoluto do esporte, Edson Arantes do Nascimento, o Pelé, Rei do Futebol.

Assim como o brasileiro é considerado o melhor que já existiu com as chuteiras nos pés, Jordan muitas vezes foi aclamado o maior jogador de basquete de todos os tempos. Porém, não faltam exemplos, dentro e fora de quadra, que indicam como o atleta tem uma atitude mental focada no presente para lidar com o seu dia a dia. Em 1991, investigadores federais dos EUA encontraram um cheque de 57 mil dólares com James "Slim" Bouler, um traficante de cocaína condenado. O detalhe é que o homem costumava jogar golfe com Jordan[44].

Bouler disse aos policiais que o dinheiro havia sido emprestado para ele pelo atleta, uma afirmação que o astro do basquete mais tarde confirmaria. Na verdade, o cheque representava dívidas relacionadas a jogos de azar contraídas por Jordan. Em 1992, após revelações de que o atleta havia perdido mais de 100 mil dólares com apostas e no golfe, a NBA abriu uma investigação. Ao fim dela, Jordan foi apenas alertado de que não poderia fazer associação com criminosos. E segue o jogo! Ou seguem os jogos?

Afinal, em 1993, Jordan voltou a ser assunto na mídia, após ser visto em um cassino de Atlantic City, Nova Jersey, jogando por horas e horas, na noite anterior a uma partida decisiva contra o New York Knicks[45]. Nesse mesmo ano, o empresário Richard Esquinas anuncia a publicação do livro "Michael & Eu: Nosso Vício em Jogos de Azar... Meu Pedido de Ajuda!"[46] (tradução nossa), em que ele alega que Jordan apostou 1,2 milhão de dólares em partidas de golfe com ele, em 1991. Jordan afirmou que a alegação era

---

44 BRUBAKER, B. *Jordan's gambling undergoes intense scrutiny again*. Não paginado. Disponível em: <https://www.washingtonpost.com/archive/sports/1993/08/01/jordans-gambling-undergoes-intense-scrutiny-again/a4f909e6-f01f-41ab-9428-b25831441424/>. Acesso em: 06 nov. 2019.

45 ANDERSON, D. *Sports of the Times; Jordan's Atlantic City caper*. Não paginado. Disponível em: <https://www.nytimes.com/1993/05/27/sports/sports-of-the-times-jordan-s-atlantic-city-caper.html>. Acesso em: 06 nov. 2019.

46 ROTH, D. *That time Michael Jordan allegedly ran up a million-dollar golf debt*. Não paginado. Disponível em: <https://www.vice.com/en_us/article/43y5x9/that-time-michael-jordan-allegedly-ran-up-a-million-dollar-golf-debt>. Acesso em: 06 nov. 2019.

"absurda", mas reconheceu que devia 300 mil dólares ao "amigo", o que lhe garantiu uma nova investigação feita pela NBA.

Sobre tudo isso, Jordan disse à rede de TV NBC: "Se eu tivesse um problema de jogo, estaria morrendo de fome, teria perdido esse relógio, meu anel de campeonato, venderia minha casa... Meus filhos estariam morrendo de fome... Não tenho problema. Gosto de jogar". A NBA sempre negou que a aposentadoria de Jordan, em 1993, teria sido uma suspensão secreta da liga em relação aos jogos de azar, mas esse boato se espalhou amplamente[47]. Naquele momento, ele estava no auge da carreira e era o melhor jogador em atividade, quando abruptamente anunciou sua saída das quadras para começar uma nova carreira numa liga de beisebol, surpreendendo o mundo todo. O astro retornaria ao Bulls em 1995.

Ao viver como se não houvesse amanhã, Jordan poderia ter colocado sua carreira em xeque, não fosse seu talento descomunal com a bola nas mãos. Claro, estamos falando de alguém que, como jogador, ganhou 90 milhões de dólares na carreira, além de outro 1,4 bilhão de dólares de parceiros corporativos[48]. Mesmo aposentado desde 2003, Jordan sempre está entre os atletas aposentados mais bem pagos do planeta. Somente em 2015, por exemplo, ele liderava essa lista e ganhou 110 milhões

---

[47] VECSEY, G. *Sports of The Times; who thinks Jordan can't win it all?* Não paginado. Disponível em: <https://www.nytimes.com/1995/03/19/sports/sports-of-the-times-who-thinks-jordan-can-t-win-it-all.html>. Acesso em: 06 nov. 2019.

[48] FORBES. *Michael Jordan*. Não paginado. Disponível em: <https://www.forbes.com/profile/michael-jordan/#6f47a38a2d83>. Acesso em: 06 nov. 2019.

de dólares, bem mais do que o segundo colocado, o britânico David Beckham, com 65 milhões de dólares[49]. Justamente por isso, fica mais evidente que há pessoas para quem o futuro é algo bastante abstrato.

## A QUEM PERTENCE O FUTURO?

Já tratamos de quem vive com a cabeça (ou o coração) no passado e daqueles que têm o hoje como sua única prioridade. Chegou a vez de falar daqueles que parecem viver com a mente no que está por vir. Pessoas com uma atitude mental direcionada para o **futuro** podem ser consideradas inovadoras e intuitivas. Porém, se houver exagero nesse foco no amanhã, o indivíduo pode mostrar traços de ansiedade, ou seja, ser alguém que sofre no presente por se preocupar com as incertezas naturais que a vida reserva no horizonte.

Tal ansiedade pode se formar a partir do desconhecido ou dos aprendizados que alguém teve no passado, com emoções um tanto ou de alguma forma negativas ainda ligadas a ele, que projeta para o futuro. Se fizemos escolhas incorretas no passado, cometemos erros, e isso pode nos assustar no presente: uma vez que, a todo momento, estamos diante de novas alternativas, ao olhar para frente no tempo, algumas pessoas podem ficar paralisadas de pavor. Faça um teste: você sabe o que irá fazer na

---

[49] NEUHARTH-KEUSCH, A. J. **Michael Jordan tops Forbes' list of highest-paid retired athletes**. Não paginado. Disponível em: <https://www.usatoday.com/story/sports/nba/2016/03/30/michael-jordan-shaquille-oneal-junior-bridgeman-magic-johnson-forbes-list/82441108/>. Acesso em: 06 nov. 2019.

próxima semana? Tem ideia do que fará no próximo ano? Qual o seu plano para daqui a cinco anos?

As possibilidades são muitas, portanto, alguma intranquilidade pode ser considerada como algo condizente [pertinente]. No entanto, quem foca o futuro com demasiada dose de ansiedade certamente sofre com a preocupação, ou seja, com uma ocupação prévia da mente. E se sua cabeça estiver cheia de dúvidas relacionadas a algo que está por vir, é humanamente impossível se concentrar no hoje. E o tempo passa, as coisas vão acontecendo sem sua "participação", sem sua presença... Quando o futuro chegar, pode ter a cara idêntica à que você imaginava em seus piores pesadelos. Afinal, é fruto de um presente sem seu empenho. Um presente, aliás, que já virou passado.

Seu "ex-futuro" agora é o seu presente. Mas esse é um presente que não vem com selo de troca. Portanto, nem adianta querer se dirigir a uma loja e pedir para uma atendente lhe ajudar a escolher algo que seja mais "a sua cara". Desta vez, o que você tiver em mãos vai ter de servir. Com o tamanho, a cor e a modelagem que tiver. Ele é uma construção sua, de responsabilidade única e exclusiva daquilo que você fez. Ou que deixou de fazer quando ele era o seu presente acontecendo. Quando ele for um "ex-presente", por ter se transformado em passado, deixará suas marcas como memórias. E elas acompanharão você.

Muito embora o cenário acima possa ser um pouco assustador, veja-o por outro lado. Há quem tenha um foco no futuro, mas isso não poderia ser melhor. As possibilidades existentes no amanhã são inspiradoras para pessoas assim.

Olho para a frente e observo o que desejo para mim ali, e isso me ajuda a planejar o hoje, pois sei que cada peça encaixada nessa estrutura me aproxima daquilo que mais desejo. Sou o arquiteto disso tudo. Desenho um croqui para a casa dos meus sonhos e sei do que preciso. Um tijolo por vez e o projeto toma forma. A porta, as janelas, tudo é colocado. Acabamento feito e o futuro chega. É lindo.

Não à toa, quem vive com foco no futuro tem uma atitude mental que aprecia inovações e costuma ser alguém intuitivo. Inventores e filósofos, por exemplo, podem integrar esse time. Algumas pessoas visionárias, porque tiraram do futuro a fonte de inspiração para o seu dia a dia, se destacam em suas carreiras e na história do mundo. Vamos conhecer uma. Um tal de William Henry Gates III. Conhece?

## GATES, O CONSTRUTOR DO FUTURO

O norte-americano Bill Gates é conhecido por ser magnata, empresário, investidor e filantropo. Sua vaga na história da humanidade está mais que garantida desde quando ele fundou, junto com Paul Allen, a Microsoft, a maior e mais conhecida empresa de software do mundo, em termos de valor de mercado[50]. A revista Time o descreveu como uma das "100 Pessoas mais Importantes

---

50 BILL GATES. In: ENCYCLOPAEDIA BRITANNICA. *Não paginado. Disponível em:* <https://www.britannica.com/biography/Bill-Gates>. *Acesso em: 06 nov. 2019.*

do Século 20"[51] e também o colocou na lista das 100 "pessoas do ano" três vezes consecutivas, em 2004[52], 2005[53] e 2006[54].

Gates é tido como um dos pioneiros na revolução do computador pessoal. O que significa dizer que, consequentemente, ele revolucionou o mundo todo. Além disso, ele é classificado regularmente como a pessoa mais rica do planeta, posição ocupada por ele de 1995 a 2007, em 2009, e novamente de 2014 a 2017. Vindo de uma família de classe média de Seattle, nos EUA, Gates é filho de um advogado de grandes empresas e de uma professora universitária. Os pais fizeram com ele e as duas irmãs aquilo que costuma ser a melhor aposta no futuro de alguém. Colocaram o trio nas melhores escolas de sua cidade natal.

Admitido na Universidade Harvard, Gates abandonaria os cursos de Matemática e Direito ainda no terceiro ano, para se dedicar à Microsoft. Ou seja, seguiu sua intuição (acertadamente) ao imaginar o futuro que desejava e tomou a decisão necessária no presente. Nada muito estranho para alguém que escreveu seu primeiro programa de software aos 13 anos, ainda em 1968. Ao longo dos anos, ele foi construindo uma fama de

---

[51] TIME. *Time 100 persons of the century*. Não paginado. Disponível em: <http://content.time.com/time/magazine/article/0,9171,26473,00.html>. Acesso em: 06 nov. 2019.

[52] TIME. *The 2004 Time 100*. Não paginado. Disponível em: <http://content.time.com/time/specials/packages/completelist/0,29569,1970858,00.html>. Acesso em: 06 nov. 2019.

[53] TIME. *The 2005 Time 100*. Não paginado. Disponível em: <http://content.time.com/time/specials/packages/completelist/0,29569,1972656,00.html>. Acesso em: 06 nov. 2019.

[54] TIME. *The 2006 Time 100*. Não paginado. Disponível em: <http://content.time.com/time/specials/packages/completelist/0,29569,1975813,00.html>. Acesso em: 06 nov. 2019.

visionário, sobretudo por ter apostado nesse mercado em uma época em que o hardware era considerado muito mais valioso.

O domínio de Gates no setor de microcomputadores aumentou bastante a partir de 1981, quando a Microsoft licenciou o sistema operacional chamado MS-DOS para a IBM, maior fornecedor mundial de computadores e líder de mercado. De forma hábil, a Microsoft, por determinação de seu cocriador, persuadiu a empresa maior, de modo que a IBM ficou permanentemente dependente dela para um software crucial. Os fabricantes de computadores pessoais (PCs, na sigla em inglês) ou clones compatíveis com a IBM também procuraram a Microsoft por seu software básico. No início dos anos 1990, Gates se transformou no melhor criador da indústria de PCs.

Em grande parte devido ao sucesso da Microsoft, Gates acumulou uma enorme fortuna, como o maior acionista individual da empresa. Ele se tornou bilionário ainda em 1986 e, em uma década, seu patrimônio já era de dezenas de bilhões de dólares. Quando a internet chegou e à medida que foi se consolidando, Gates, sempre olhando para frente, deu uma resposta ágil ao interesse público na rede mundial de computadores. A partir de 1995, reorientou a Microsoft no desenvolvimento de soluções de software para consumidores e empresas voltado à internet.

Não bastasse o sucesso profissional e financeiro, Gates anunciou, em 16 de junho de 2006, que iria progressivamente deixar o cargo de diretor da Microsoft até 2008, para poder se ocupar da fundação de caridade Bill & Melinda Gates Foundation. Em 2008, ele se retirou da

Microsoft. Mas mesmo aposentado, na prática, ele continua dedicando um dia por semana para assuntos relativos à Microsoft.

Gates liderou o ranking dos mais ricos do mundo desde 1995, segundo a revista Forbes. Sua fortuna chegou a ser estimada em 130 bilhões de dólares. Em 1999, Gates ultrapassou a marca dos 100 bilhões de dólares, mas, a partir de 2000, o valor nominal da Microsoft foi caindo, após o estouro da "bolha da internet", e depois de várias doações multibilionárias feitas por Gates a projetos filantrópicos. Em 2006, ele disse em uma entrevista que gostaria de não ser o homem mais rico do mundo, e que não gostava da atenção que isso trouxe.

Em 2013, Gates voltou a ser o homem mais rico do mundo, ultrapassando o mexicano Carlos Slim, mas, em 2018, o "chefe" da Microsoft acabou ultrapassado pelo fundador da Amazon, Jeff Bezos. Hoje, ele tem de se contentar em ser a 2.ª pessoa mais rica do mundo.

Ainda em 2000, junto com sua esposa Melinda, Gates criou a já citada Fundação Bill e Melinda Gates, organização filantrópica que promove a pesquisa sobre a AIDS e outras doenças que atingem, em maior parte, os países em desenvolvimento. A fundação também tem como objetivo pesquisar novos tipos de energias sustentáveis e limpas. Em 2006, Warren Buffett, então o segundo homem mais rico do mundo, integrou o projeto, anunciando seu plano de contribuir com 30 bilhões de dólares, fazendo com que a fundação dobrasse de tamanho. Segundo a revista *Forbes*, somente de 2000 a 2004, Gates doou cerca de 30 bilhões de dólares para a caridade. Uma visão de futuro que vai muito além da tecnologia e do lucro, convenhamos.

# CAPÍTULO 11
## ENTRE O TRABALHO E AS RELAÇÕES

## ENTRE O TRABALHO E AS RELAÇÕES

Já vimos como as pessoas podem ser motivadas pela dor ou pelo desejo, que podem ter uma visão de mundo mais geral ou serem detalhistas, e como alguns indivíduos têm seu foco no passado, no hoje ou no futuro. Esses são alguns dos pilares que formam a atitude mental de qualquer ser humano — lembrando sempre que cada uma dessas posições carrega pontos positivos e negativos, rendendo vantagens e desvantagens para a pessoa. Porém, ao avaliar cada atitude mental, é comum que muitos pensem em "isto é certo" e "aquilo é errado". O mundo, no entanto, é infinitamente mais complexo do que isso. E está ficando cada dia mais variado e complicado.

Por isso, é sempre importante não se deixar cair na tentação de querer reduzi-lo a termos tão simplistas. Fazer isso, sim, representa um equívoco e compromete a real compreensão do que significam as diferentes mentalidades existentes. Feita essa consideração, vamos agora analisar como há quem adote uma condição voltada muito mais ao **trabalho** diante das situações, enquanto outros preferem atuar de modo diferente, assumindo uma atitude de quem privilegia **as relações**. Você já parou para pensar nisso?

Mas, primeiro, vamos contextualizar alguns pontos. Sempre que um processo envolva pessoas executando uma atividade de forma conjunta, é possível enfatizar esses dois pontos. Desse modo, os problemas e situações podem ser analisados sob o ponto de vista do resultado do **trabalho** envolvido ou sob as questões ligadas às **relações** associadas. O equilíbrio entre o trabalho e as relações é, sem dúvida, um dos principais pontos ligados ao gerenciamento de um grupo.

Para terminar um trabalho, é fundamental que sejam enfatizados os processos, as finalidades e alternativas. As questões ligadas às relações pessoais devem ser abordadas com a ênfase numa atitude de **protagonista** ou de **coadjuvante**.

## O TRABALHO

Ao falarmos especificamente sobre trabalho, estamos tratando de algo de grande importância no mundo dos negócios, evidentemente. Quando abordarmos o assunto, alguém pode enfatizar as **alternativas** possíveis ou se ater às **ações** a serem feitas.

Um indivíduo que é voltado para **alternativas** quer ter possibilidades de escolha e desenvolver caminhos. Dessa forma, ele irá hesitar em seguir trajetórias já muito utilizadas, mesmo que sejam boas. Alguém com essa característica é motivado pela possibilidade de fazer alguma coisa de uma outra maneira.

Assim, são indivíduos capazes de desenvolver procedimentos — e, depois, eles mesmos podem não os obedecer. Tal perfil tem como um traço marcante a atração por quebrar regras ou contornar determinações e normas. Para eles, explorar novas ideias e possibilidades oferece uma enorme fascinação.

Essas pessoas não costumam se adaptar a rotinas, pois se sentem obrigadas a ser criativas. Também podem começar um novo projeto e não demonstrar impulso para terminá-lo. Quem tem tal característica pode se motivar ao ouvir dos outros, como chefes e colegas, palavras como: *alternativas, flexibilidade, oportunidade, opções, escolhas* etc. Por todas as particularidades apontadas, quem é assim costuma se dar bem em situações que exijam soluções ou alternativas para sistemas correntes.

Um exemplo de personalidade com tais características foi o inventor sérvio Nikola Tesla (1856-1943), considerado alguém à frente do seu tempo, um autêntico visionário. Se temos smartphones à mão hoje em dia, assim como tantos aparelhos elétricos, de certo modo o devemos, em parte, à mente inquieta de Tesla. Pioneiro na área da comunicação por rádio, ele registrou mais de 100 patentes nos EUA, para onde se mudou aos 28 anos.

Suas invenções podem ter superado as 700, incluindo comunicação sem fio, controle remoto e iluminação fluorescente[55]. Ao desenvolver um sistema de energia de corrente alternada capaz de fornecer eletricidade para residências e edifícios, o sérvio saiu na frente da concorrida disputa por avanços na área da engenharia elétrica moderna e se tornou um grande adversário de Thomas Edison, com quem competia com suas criações.

Acabou reconhecido como um dos maiores inventores do mundo com seu trabalho mais famoso, que formou a base do moderno sistema de energia elétrica de corrente alternada (CA), usado em

---

[55] BBC News. *Electrical pioneer Tesla honoured.* Não paginado. Disponível em: <http://news.bbc.co.uk/2/hi/europe/5167054.stm>. Acesso em: 06 nov. 2019.

todo o mundo. Apesar de seu sucesso, porém, Tesla morreu sem dinheiro, em Nova York, aos 86 anos[56]. Ao longo da vida, cursou engenharia, mas não chegou a se formar na Universidade Técnica de Graz, na Áustria, e na Universidade de Praga[57].

O mesmo cientista que mudou a forma como o homem usa e distribui energia elétrica tinha pombos como animais de estimação, a ponto de visitar parques com frequência, para resgatar aves feridas. Muitas vezes, as levava de volta ao seu quarto de hotel, para cuidar delas[58]. Também tinha horror a germes, o que o fazia lavar as mãos compulsivamente e só comer alimentos cozidos[59]. Por fim, acreditava que recebia sinais de Marte[60]. Não à toa, excêntrico é um dos adjetivos mais usados para descrever Tesla.

Se podemos afirmar que o inventor sérvio definitivamente era alguém focado em buscar alternativas, há pessoas que, diferentemente, têm seu foco direcionado para as **ações a serem feitas**. Quem é assim tende a percorrer trajetos já testados e

---

[56] NIKOLA TESLA. *In:* ENCYCLOPAEDIA BRITANNICA. Não paginado. Disponível em: <https://www.britannica.com/biography/Nikola-Tesla>. Acesso em: 06 nov. 2019.

[57] BROAD, W. J. *A battle to preserve a visionary's bold failure.* Não paginado. Disponível em: <https://www.nytimes.com/2009/05/05/science/05tesla.html>. Acesso em: out. 2019.

[58] PBS. *Tesla: life and legacy.* Não paginado. Disponível em: <https://www.pbs.org/tesla/ll/ll_poevis.html>. Acesso em: 06 nov. 2019.

[59] MOTA, C. V. *A história de Nikola Tesla, o excêntrico inventor rival de Thomas Edison que inspirou Elon Musk.* Não paginado. Disponível em: <https://www.bbc.com/portuguese/geral-42375111>. Acesso em: 06 nov. 2019.

[60] PICKOVER, C. A. *Strange brains and genius: the secret lives of eccentric scientists and madmen.* Nova York: HarperCollins, 1999.

prefere optar por um conjunto de passos, regras e processos que provavelmente identifica o caminho certo. Assim, uma vez que tenha entendido um procedimento, irá repeti-lo inúmeras vezes. Indivíduos assim têm uma grande dificuldade de desenvolver novos processos, e sem um roteiro claramente definido se sentem perdidos ou presos.

Alguém com esse perfil está mais preocupado em como fazer algo do que por que ele deve fazê-lo. Tende a acreditar que existe uma maneira correta de fazer as coisas. Para eles, evitar ou quebrar uma regra é considerado praticamente um pecado mortal. Sentem-se motivados por palavras e expressões como: *primeiro, depois, finalmente, modo correto, consagrado, maneira comprovada, siga isso ao pé da letra* etc.

Quer um exemplo? Maior velocista de todos os tempos, Usain Bolt nasceu em Sherwood Content, um vilarejo no norte da Jamaica, onde cresceu com a irmã e o irmão. Jogava críquete e futebol nas ruas locais, enquanto os pais administravam um supermercado numa área rural. Porém, ainda na escola primária, Bolt começou a chamar atenção por causa da sua velocidade. Em um país com uma enorme tradição no atletismo, aquele menino já era o mais rápido a percorrer 100 metros na escolinha[61].

Não demorou para um professor de críquete notar o potencial existente em Bolt para as pistas de atletismo. Já no ensino

---

61 USAIN Bolt. *Biography*. Não paginado. Disponível em: <http://usainbolt.com/bio/>. Acesso em: 06 nov. 2019.

médio, o menino passou a ser treinado por um ex-atleta olímpico, Pablo McNeil, que passou a incentivar Bolt a aprimorar suas habilidades para as provas. Nessa época, no entanto, o garoto estava longe de ser dedicado e preferia fazer piadas a treinar. Mas em 2002, aos 15 anos e com 1,96 m de altura, Bolt já conquistava uma medalha de ouro na prova de 200 metros do Campeonato Mundial Júnior.

Com isso, já começava a colocar seu nome na história e se tornava o mais jovem medalhista de ouro júnior do mundo. Nos anos seguintes, Bolt obteve conquistas em quantidade suficiente para preencher esta e as próximas páginas de cima a baixo. Medalhas de ouro, prata e bronze em campeonatos de magnitudes diversas. Como qualquer atleta de alto rendimento, treinava até o limite do corpo e passou a conviver com lesões como um "mero mortal" tolera uma dor de cabeça. Seu foco? No que tinha que fazer.

Corta para os Jogos Olímpicos de Pequim, na China, em 2008. Bolt chegou como favorito nos 100 m e 200 m, pois havia ganho medalhas nos mundiais nessas provas. Os olhos do mundo, no entanto, se surpreenderam quando o jamaicano de apenas 21 anos pulverizou recordes e levou para casa nada menos que três medalhas de ouro. A imagem de sua comemoração, ao fim das provas, com os dedos apontando para o céu e os braços em diagonal, ganhou ares icônicos. O jamaicano se tornou "O Raio" (Lightning Bolt).

Não bastasse isso, no ano seguinte, o corredor estabeleceu duas novas marcas mundiais impressionantes: 19,19 segundos nos 200 m, e 9,58 segundos nos 100 metros[62]. Não parecia haver limite para ele. As três medalhas douradas obtidas na Ásia, um feito e tanto, foram repetidas em 2012, desta vez nos Jogos Olímpicos de Londres. O mundo novamente se rendia ao talento de um fenomenal Bolt. Quatro anos depois, a galeria do campeão teria de abrir espaço para outras três medalhas de ouro, agora nos Jogos Olímpicos do Rio de Janeiro. Bolt se tornou uma lenda do esporte. Ao procurar realizar as ações que tinham de ser feitas, o atleta alcançou um patamar de poucos, como Pelé, nos gramados; Muhammad Ali, nos ringues; Michael Jordan, nas quadras; e Michael Phelps, nas piscinas[63].

## CADA UM NO SEU QUADRADO

Com tudo isso em conta, definitivamente não se trata de uma boa ideia considerar uma pessoa que tenha padrão voltado para as ações e esperar que ela crie alternativas. Da mesma forma, não é uma boa estratégia imaginar que alguém que enfatize as alternativas possíveis seja o indivíduo mais indicado para qualquer trabalho em que o sucesso dependa de seguir o procedimento inteiramente. Não dá para colocar um Tesla como atleta nem um Bolt como um inventor e visionário.

---

62 BBC Brasil. *O adeus de Usain Bolt: conheça os números e os segredos do fenômeno das pistas.* Não paginado. Disponível em: <https://www.bbc.com/portuguese/geral-40863129>. Acesso em: out. 2019.

63 BOLT, U. *Usain Bolt: my story: 9.58: being the world's fastest man.* Londres: HarperCollins, 2010.

As pessoas do padrão das alternativas possíveis reagem bem a ideias que aumentem suas possibilidades de escolha. Já quem tem o foco nas ações responde bem a ideias que lhes indiquem um caminho que já deu bons resultados. Essa atitude mental pode ser identificada por meio do conceito/questionamento: "por que você escolheu sua atual ocupação?"

Quem enfatiza as alternativas costuma responder tal pergunta contando por que fez essa escolha, ao passo que indivíduos do padrão ações podem afirmar como chegaram a essa decisão ou apenas vão se limitar a apresentar os fatos. Do ponto de vista profissional, as ocupações mais apropriadas para quem foca a ação seriam algo como um contador, um piloto comercial ou alguém movido por resultados, como um atleta de alto rendimento.

Com minhas quase duas décadas de atuação em palestras, experiência em salas de aula, na aplicação e coordenação de cursos, workshops, imersões, entre outros formatos, posso afirmar que no contexto profissional, ao verificarmos a distribuição desses tipos, temos que 4 em cada grupo de 10 pessoas têm um perfil voltado a **alternativas**, ou seja, 40% do total. Outros 4 em cada 10 (40%) demonstram perfil voltado às **ações**. Por fim, uma menor parte, de 2 em cada 10 indivíduos (os 20% restantes), apresenta perfis em que se alternam características de **alternativas possíveis** e **ações a serem feitas**.

AMAR O QUE VOCÊ
FAZ VAI AJUDÁ-LO A
CHEGAR AO TOPO

## AS RELAÇÕES

Já vimos o que pode mover as pessoas quando estamos pensando especificamente na atitude mental relacionada ao desempenho de um trabalho. Ao lidar com uma tarefa que envolva relações, no entanto, o que se observa é que o indivíduo pode apresentar um posição de **protagonista** ou de **coadjuvante**.

Pessoas mais voltadas ao **protagonismo** tendem a não demonstrar seus sentimentos aos demais à sua volta — muito embora, obviamente, elas os tenham, como qualquer pessoa. Estamos falando de alguém que costuma manter seu foco mais no conteúdo de uma conversa do que na comunicação não verbal, como a linguagem corporal, o tom de voz ou o nível de empatia entre os envolvidos no diálogo. Também tem dificuldade em estabelecer e manter tal empatia. Pode-se afirmar que pessoas assim não são as mais hábeis na comunicação interpessoal, já que avaliam a qualidade da comunicação à luz de suas próprias sensações e não com base nas reações que estão recebendo do outro.

Para identificar um perfil como esse, é válido reparar se o indivíduo reage ao conteúdo da conversa, em vez de à sua linguagem corporal ou a seu tom de voz. Eles também costumam demonstrar pouca expressão facial ou variação de voz. Um exemplo: se você deixar cair, acidentalmente, algo como uma caneta ou um caderno, essas pessoas tendem a ignorar tal situação e aguardam que você pegue o objeto do chão.

Para a tarefa de influenciar essas pessoas, concentre-se no conteúdo da mensagem que você quer passar, uma vez que elas não reagem a dicas, às indiretas ou ao sarcasmo. Alguém com esse perfil é mais apropriado para ocupar posições técnicas, em que a interação com outros profissionais não seja crítica para a realização do trabalho.

De maneira oposta ao perfil citado, quem demonstra uma atitude de **coadjuvante** tende a ser mais animado em sua comunicação e reage à linguagem corporal, incluindo as expressões faciais, e ao tom de voz da outra pessoa. Tais indivíduos avaliam a conversa, no nível consciente ou inconsciente, com base na observação do outro. Também costumam ser bons para estabelecer ou manter a empatia no trato com os demais.

Quem tem tais características pode ser identificado pelos comportamentos animados, linguagem corporal e mudanças na tonalidade de voz para combinar com o conteúdo da comunicação. Aqui, caso você acidentalmente deixe cair uma caneta ou um caderno, a tendência natural de pessoas assim é pegar o objeto para você. São muito influenciadas pela profundidade da relação de empatia estabelecida — essas pessoas costumam ser boas representantes no serviço ao cliente, por exemplo.

Também pela experiência que acumulei ao longo da minha trajetória profissional, posso afirmar que no contexto profissional, ao verificarmos a distribuição desses tipos, temos que 93 em cada grupo de 100 pessoas (93% do total) têm um perfil voltado ao **protagonismo**. Somente 7% têm perfil voltado à atitude de **coadjuvante**.

### QUE É O PAI DO MICKEY?

Segue uma pequena história para ilustrar coadjuvantes e protagonistas. Imagine que você está em um desses programas populares de perguntas e respostas da TV e surge a seguinte questão: "quem criou o famoso personagem Mickey Mouse?" Obviamente você pode ficar um pouco nervoso, por estar diante das câmeras, de um público, de um apresentador, não querendo passar vergonha em rede nacional. Mas, provavelmente, responderia: "Walt Disney".

E aí? Será que você acertou? Depende.

Para o mundo inteiro, a imagem do empresário norte-americano Walt Disney (1901-1966) está intimamente associada ao ratinho desenhado pela primeira vez em 1928. Além de ser uma estrela da animação, o personagem estampa uma infinidade de produtos e é o ícone-máximo do império Disney, conglomerado que inclui parques temáticos, empresas de TV a cabo, produtoras de filmes, rádios, portais de internet, entre outros negócios.

A companhia empregava 201 mil pessoas em 2018[64] e foi avaliada em 154,5 bilhões de dólares em valor de mercado em 2017. Mas, compreendida a dimensão estelar da empresa, podemos voltar ao Mickey. Veremos como o camundongo mais famoso da história da animação não é uma criação saída integralmente da cabeça e do talento de Disney.

---

64 SEEKING Alpha. *The Walt Disney Company*. Não paginado. Disponível em: <https://seekingalpha.com/filing/4247523>. Acesso em: 06 nov. 2019.

Pouco conhecido do grande público, o artista Ub Iwerks (1901-1971) começou a trabalhar com Disney ainda em 1919, quando os dois se conheceram em um estúdio de arte de Kansas City[65]. A parceria profissional e amizade seguiu por anos. Quando Disney abriu seu próprio estúdio, em 1922, Iwerks se tornou seu principal desenhista[66].

Anos mais tarde, ele criaria Oswald, o coelho sortudo, personagem que já trazia traços semelhantes aos do que seria Mickey. Em 1928, Disney perdeu o direito de usar Oswald, em razão de um contrato com a produtora da série de animação, que ainda levou todos os desenhistas do estúdio. Somente um se manteve ao lado de Disney: Ub Iwerks.

Disney pediu novos personagens ao amigo. Ele passou a fazer esboços de cães, gatos, sapos, mas tudo acabava rejeitado pelo chefe exigente. Uma vaca e um cavalo, que foram recusados nessa fase, viriam a se tornar os personagens Clarabela e Horácio, anos depois. Mas foi o rascunho de um ratinho, feito por outro desenhista e entregue a Iwerks por Disney, que daria origem a Mickey, rendendo bilhões ao estúdio nas décadas seguintes[67].

Foi Iwerks quem desenhou uma versão mais limpa e refinada do personagem, mesmo que ainda seguisse o esboço original.

---

65 **IMDB. Ub Iwerks.** *Não paginado. Disponível em:* <https://www.imdb.com/name/nm0412650/?ref_=nv_sr_1?ref_=nv_sr_1>. *Acesso em:* 06 nov. 2019.

66 KAUFMAN, J. B.; GERSTEIN, D. *Walt Disney's Mickey Mouse.* The ultimate history. Colônia: Taschen, 2018.

67 GABLER, N. *Walt Disney: o triunfo da imaginação americana.* São Paulo: Novo Século, 2016.

As primeiras animações de Mickey Mouse também foram feitas quase que inteiramente por ele. Porém, à medida que o tempo passava, Disney foi se mostrando um chefe duro e intransigente para Iwerks, que desenhava incessantemente para atendê-lo. Também sentia que não vinha recebendo o crédito merecido por desenhar todos os sucessos da Disney. Em 1930, houve uma briga e o rompimento entre os dois.

Iwerks fechou um contrato com o empresário Pat Powers, concorrente de Disney, para iniciar um estúdio de animação em seu próprio nome. Nesse ponto, financiadores acreditavam que Iwerks era responsável por grande parte do sucesso inicial da Disney. Era a tentativa de o ex-funcionário de Disney trocar a posição de eterno coadjuvante pelo protagonismo. No entanto, as coisas não saíram conforme ele havia previsto.

A saída de Iwerks foi preenchida por Disney, que trouxe jovens talentos da animação para sua empresa. Apesar dos esforços de Iwerks, seu estúdio nunca foi um sucesso comercial e não conseguiu rivalizar com os estúdios Disney. Ele jamais chegou perto de fazer qualquer coisa próxima do que era Mickey Mouse. Por fim, em 1940, após ter perdido todo o apoio financeiro, Iwerks se viu obrigado a voltar a trabalhar para o exigente Disney.

Apesar de ter sido uma figura controversa ao lidar com alguns colegas, como Iwerks, Disney deixou sua marca na história da animação. Somente como produtor de filmes, ele detém o recorde de maior ganhador de prêmios da Academia para uma só pessoa: levou 22 Oscars e recebeu 26 indicações[68]. Por sua vez, Iwerks, apesar de ter dado vida a um dos maiores símbolos da cultura pop, não conseguiu ter o reconhecimento merecido por isso. Acabou como um mero coadjuvante. Tanto que a maior parte das pessoas não o associa ao simpático e bilionário ratinho dos estúdios Disney.

> "Para terminar um trabalho, é fundamental que sejam enfatizados os processos, as finalidades e alternativas. As questões ligadas às relações pessoais devem ser abordadas com a ênfase numa atitude de protagonista ou de coadjuvante."

---

[68] **IMDB.** *Walt Disney - awards.* Não paginado. Disponível em: <https://www.imdb.com/name/nm0000370/awards?ref_=nm_ql_2>. Acesso em: 06 nov. 2019.

# CAPÍTULO 12
## APRENDA COM ESTILO

## APRENDA COM ESTILO

Você saberia dizer qual é a sua atitude mental em relação ao estilo de aprendizagem? Ou seja, como é que você observa e compreende o mundo a seu redor? Talvez você nunca tenha parado para pensar nisso, não é mesmo? Quando uma pessoa faz algum tipo de comparação, por exemplo, é possível que note afinidades ou distinções entre as coisas que analisa. Agora reflita: mesmo sem perceber, fazemos isso o tempo inteiro. Nós nos comparamos aos outros a todo instante.

Nossos resultados, conquistas, formas de ver o mundo, preconceitos, acertos, erros... Ou olhamos para o universo, sempre considerando que isso é mais bonito que aquilo,. ou avaliamos que fulano é mais baixo que beltrano, que pode ser mais inteligente que sicrano. Aliás, aos nossos olhos, não faltam fulanos mais simpáticos que beltranos, que também podem ser mais ou menos interessantes que os sicranos. São comparações em cima de comparações.

Em suma, por mais que alguém se policie, acaba por comparar tudo em tempo integral. Isso ocorre em maior ou menor grau, a depender do quanto a pessoa é crítica em relação aos outros, ao mundo e a si mesma. No entanto, aqui há, como em quaisquer outras áreas, sensíveis diferenças de atitudes mentais entre os indivíduos.

Quem tende a comparar pelo critério das afinidades repara o que as coisas têm em comum. Por extensão, pessoas com esse perfil desejam que seu mundo permaneça sempre o mesmo. Elas querem a continuidade, a estabilidade e a previsibilidade, pois gostam de manter as mesmas coisas.

São pessoas que tendem a fazer compras no mesmo supermercado ou shopping center; adquirem sempre o mesmo modelo de carro; se apegam a um estilo de se vestir; adoram rotinas; comem sempre no mesmo restaurante, e talvez até na mesma mesa; ao tirar férias, vão sempre para o mesmo lugar.

Elas têm verdadeira aversão a mudanças — por exemplo, uma nova função ou equipe nova no trabalho ou novos vizinhos. Permanecem no mesmo emprego por mais de 10 anos. Numa expressão: têm aversão a surpresas. São indivíduos que até podem aceitar mudanças, desde que elas ocorram em um prazo maior, como a cada período de dez anos, por exemplo. Mas, na realidade, irão fomentar alterações somente a cada 15 ou 25 anos.

Sinceramente, quanto menos as coisas se modificarem, melhor para gente com essa atitude mental. Para motivar quem pensa assim, é necessário chamar sua atenção para como as coisas não mudaram ou para o fato de que ainda está fazendo o mesmo tipo de trabalho. Devem-se utilizar palavras e expressões como: *em comum, igual a, semelhante a, como você sempre fez, como antes* etc.

Por essas características específicas, é mais apropriado que indivíduos assim trabalhem em ambientes que não mudem ou que sofram alterações muito devagar ao longo do tempo. Do contrário, ficarão extremamente desconfortáveis.

Quando pensamos nessa atitude mental, existe um outro grupo, que são as pessoas com foco em afinidades — mas com ressalvas. Esses indivíduos gostam de ver as mudanças ocorrerem de forma muito vagarosa ao longo do tempo, mas de modo menos intenso do que aqueles que citamos inicialmente.

Eles procuram alterações significativas a cada 5 ou 7 anos, por exemplo. Já quando pensamos neste perfil, as palavras e expressões que o motivam são: *mais, menos, aperfeiçoado, melhor, igual, exceto, avançado, melhora gradual, desenvolvendo*, entre outras similares.

Já quem, por sua vez, enfoca as distinções, aponta logo aquilo que lhe é diferente. Quer variedade, aventura e o desconhecido, uma vez que gosta de mudar as coisas. Para pessoas deste grupo, a mudança é um modo de vida. E tais alterações podem ser habituais e de longo alcance.

Elas esperam ou irão orquestrar grandes mudanças a cada um ou dois anos. Palavras motivadoras para elas incluem: *nova, totalmente mudado, recente, completamente diferente, moderno* etc. Caso você esteja pensando numa mudança radical na sua organização, são estas as pessoas que irão conduzi-la.

Existe ainda quem enfoque afinidades com ressalvas e distinções. Este grupo espera grandes mudanças a cada 3 ou 4 anos.

Ele gosta do equilíbrio entre progresso e grandes revoltas. Palavras motivadoras para pessoas assim incluiriam a combinação daquelas usadas pelos grupos distinções e *afinidades* com *ressalvas*.

Para identificar os diferentes grupos, é possível fazer a seguinte pergunta: "qual é a relação entre o seu trabalho — o deste ano – em comparação ao do ano passado?" Preste atenção ao ouvir as palavras listadas acima. Mesmo que elas tenham mudado de emprego durante este último ano, as pessoas que enfocam afinidades podem falar sobre o que os dois cargos têm em comum, que as coisas realmente não mudaram.

Indivíduos que operam com afinidades com ressalvas irão falar sobre como as coisas estão evoluindo ou sobre as similaridades e, depois, as diferenças, enquanto as pessoas com perfil voltado para distinções podem não entender a palavra "relação", já que, para elas, não existe associação alguma entre o que estão fazendo agora e o ano passado. Por fim, pessoas com perfil voltado para afinidades com ressalvas e distinções irão ter uma combinação de respostas semelhante às dos perfis distinções e afinidades com ressalvas.

Costumo observar, pela minha vasta experiência, que, no contexto profissional, ao verificarmos a distribuição desses tipos, temos que 5 em cada grupo de 100 pessoas apresentam um perfil voltado a afinidades. Outros 65% têm perfil voltado a afinidades com ressalvas. Outros 2 em cada 10 indivíduos (20%), contam com perfis focados em distinções. E, por fim, 10% têm foco nas afinidades com ressalvas e distinções.

## A CHAVE É O EQUILÍBRIO

Não é incomum que duas pessoas de atitudes mentais opostas venham a se relacionar no trabalho, por exemplo. Nesses casos, podemos ter alguém que goste da rotina e da estabilidade lado a lado com outra pessoa que queira variedade e novidades.

Quando algo assim ocorre, quem gosta de afinidade tende a ser muito cauteloso ou até mesmo desconsiderar o colega que prefira distinções. Para o primeiro, quem gosta de mudança é assustador, não confiável, pronto para alterar tudo e todos apenas por causa dele, e não correto com tarefas que exijam uma abordagem mais sistemática.

Por outro lado, quem aprecia as distinções, costuma ver no colega das afinidades alguém chato, fixado em seus hábitos, reacionário, que vive na defensiva, marcado pela falta de ousadia e um pouco antiquado.

O ideal seria que todos tivessem as duas características, mas também haverá situações em que as diferenças entre nós e os outros podem se tornar problemáticas. Quando a vida se torna estressante, tendemos a nos refugiar em nossa própria zona de preferência, a ficar com menos paciência e menor compreensão em relação aos outros.

Então, se as coisas no trabalho ficarem estressantes, o colega da afinidade e o da distinção irão reagir de maneiras bastante diferentes, por exemplo. Quem preza pelas afinidades irá, com muito cuidado, manter a rotina e os procedimentos, e será insistente em fazer as coisas do jeito dele, de uma maneira sistemática e quase pedante.

Por outro lado, o representante das distinções vai se tornar ainda mais imprevisível, aventureiro e experimental — o que, é claro, será muito perturbador para o colega da afinidade, a menos que ele, simplesmente, veja isso como uma maneira de o outro lidar com o estresse.

Em geral, as pessoas convivem com outros indivíduos que são muito diferentes delas. Isso pode ocorrer no trabalho, na escola ou em qualquer relação pessoal (com familiares, amigos, vizinhos etc.). Trata-se de algo excelente quando tudo vai bem.

E também de uma coisa ótima no início do relacionamento. Com o passar do tempo, no entanto, quem dá preferência pelas afinidades vai encontrar ideias que irá considerar muito assustadoras, e sugestões, inoportunas, vindas de pessoas orientadas pelas distinções.

O enfoque de um indivíduo por afinidade costuma resultar em continuidade e previsibilidade. Isso pode fazer com que ele também seja alguém eficiente. Essa pessoa faz as coisas de forma calma e confiável. Até certo ponto, ela não se importa com a rotina diária. A atitude mental por afinidade também é um grande padrão para se aceitar temporariamente, se a sua vida envolver muitas mudanças. Você pode, intencionalmente, torná-la sua área de recuperação.

**DESISTIR NÃO FAZ PARTE DO VOCABULÁRIO DOS VENCEDORES**

Por exemplo, imagine alguém que, por conta da profissão, tenha de fazer muitas viagens, ou seja, tenha um estilo de vida que lhe traz uma série de distinções. Durante esse tempo, provavelmente exista a necessidade de alguma afinidade nessa rotina, como uma forma de equilibrar tudo. Portanto, sempre que possível, pode ser interessante a essa pessoa retornar ao mesmo hotel em uma cidade e comer em um mesmo restaurante. Mesmo ao visitar uma cidade pela primeira vez, pode ser positivo fazer uma reserva em um hotel de uma rede que esse indivíduo já conheça.

Para a maioria das pessoas, a vida é uma jornada de afinidade para afinidade. Crianças mais novas necessitam de uma rotina, e os mais velhos tendem a se tornar persistentes em procurar certa estabilidade. No entanto, com o passar dos anos, muitos de nós tendem a desenvolver uma forte preferência por se manter em uma zona de conforto da afinidade, algo que costuma ocorrer por volta dos 20 ou 30 anos.

Tal como acontece com todos os pilares da atitude mental, o ideal é que exista um equilíbrio ou uma harmonia entre os dois extremos para que operem juntos, de uma forma proporcional. No caso de afinidades e distinções, muita discordância pode se tornar algo bastante estressante, a menos que esta seja equilibrada pela afinidade.

Já demasiada afinidade pode tornar a vida deprimente e maçante, a não ser que haja harmonia com doses regulares de distinções. Aliás, não apenas o cotidiano pode se tornar deprimente, mas também a pessoa pode ficar com medo ou superreativa, mesmo diante de pequenas mudanças em sua vida.

Não é preciso virar a vida de cabeça para baixo para corrigir o desequilíbrio de muita afinidade. Pequenas mudanças em quantidade podem ser muito convenientes e mais fáceis para se começar. Quer alguns exemplos? Tire um dia de folga ou escolha uma comida que você nunca experimentou antes no restaurante.

Você também pode fazer as coisas numa ordem diferente daquela com que está acostumado. Altere a disposição dos móveis da sua casa ou mude a decoração de um cômodo. Também é possível se dedicar a um esporte ou hobby. Ou há coisas ainda menores que você pode tentar. Mude o seu caminho para o trabalho, por exemplo. Que tal?

Lembre sempre: não é o tamanho da mudança que importa, mas apenas que houve uma alteração na rotina. De fato, talvez introduzir, de uma hora para a outra, muitas diferenças em sua vida, pode ser algo contraproducente e até provocar um efeito de rejeição, do tipo "nunca mais", para dentro da segurança que você tem nas afinidades.

## A BUSCA POR HARMONIA

Falamos da importância de se ter uma atitude mental em equilíbrio e harmonia. Para desenvolver um estilo de aprendizado mais produtivo, com afinidades e distinções em uma boa medida, é preciso estar presente ao momento. Apresento a vocês uma história. Talvez você não conheça ou tenha ouvido falar do monge budista Thich Nhat Hanh, de 93 anos. Mas se a técnica da meditação *mindfulness* (ou de atenção plena) tornou-se bastante popular no Ocidente, devemos muito a ele.

Ainda na década de 1960, Hanh desempenhou um papel ativo na promoção da paz durante a Guerra do Vietnã (1955-1975). Aos 20 anos, se tornou ativo nos esforços para revitalizar o budismo vietnamita pelos esforços de paz. Nos anos seguintes, Hanh estabeleceu várias organizações baseadas nos princípios budistas de não violência e de compaixão.

Ao todo, a estrutura criada por ele consistia em 10 mil voluntários e assistentes sociais, oferecendo ajuda a aldeias devastadas pela guerra, reconstruindo escolas e estabelecendo centros médicos. Em 1966, Hanh viajou para os EUA e para a Europa para pedir paz no Vietnã. Durante seus anos nos Estados Unidos, conheceu Martin Luther King Jr., que o indicou para o Prêmio Nobel da Paz em 1967.

No entanto, devido a seu trabalho de paz e à recusa em escolher um lado na guerra civil de seu país, tanto o governo comunista como o não comunista o renegaram, o forçando a viver no exílio por mais de 40 anos. Durante esse período, a ênfase de sua mensagem mudou do imediatismo da Guerra do Vietnã para o estar presente no momento, um conceito que passou a ser chamado de "atenção plena".

Hanh começou a ensinar *mindfulness* na metade dos 1970, por meio de seus livros. Em *O Milagre da Atenção Plena*, ele dá instruções simples sobre como aplicar a atenção plena à vida cotidiana. A obra foi traduzida para o inglês e, assim, para uma audiência global. No livro *Você Está Aqui*, ele orienta as pessoas a prestarem atenção ao que estejam experimentando em seus corpos e mentes a qualquer momento, e a não ficarem presas ao passado ou pensando no futuro. Sua ênfase está na consciência da respiração. Assim, as pessoas interessadas em praticar meditação não precisam passar dias em um retiro de meditação ou encontrar um professor.

Seus ensinamentos enfatizam que a atenção plena pode ser praticada a qualquer momento, mesmo quando se faz tarefas rotineiras. Até ao lavar a louça, as pessoas podem simplesmente se concentrar na atividade e estar totalmente presentes. Paz, felicidade, alegria e amor verdadeiro, disse ele, só podem ser encontrados no momento.

As práticas de atenção plena de Hanh, no entanto, não defendem o desengajamento do mundo. Na sua opinião, a prática da atenção plena pode levar a pessoa a uma "ação compassiva", como praticar a abertura aos pontos de vista de outras pessoas e compartilhar recursos materiais com os necessitados. O movimento *mindfulness* acabou se tornando o que a revista *Time*, em 2014, chamou de "revolução da atenção plena".

O artigo argumenta que o poder da atenção plena reside em sua universalidade, na medida em que a prática entra em sedes corporativas, escritórios políticos, guias para pais e planos de dieta. Para Hanh, no entanto, a atenção plena não é um meio para um dia mais produtivo, mas uma maneira de entender o "ser", a conexão e a codependência de todos e de tudo.

No documentário *Walk With Me* ("Ande Comigo", em uma tradução livre do inglês), ele ilustra esse ser conectado da seguinte maneira: uma jovem pergunta a ele como lidar com a dor de seu cão recentemente falecido. Ele a instrui a olhar para o céu e ver uma nuvem desaparecer. A nuvem não morreu, mas se tornou a chuva e o chá na xícara. Assim como a nuvem está viva em uma nova forma, o cachorro também está. Estar consciente e atento ao chá oferece uma reflexão sobre a natureza da realidade. Para Hahn, esse entendimento poderia levar a mais paz no mundo.

Em 2014, o monge sofreu um derrame. Desde então, não consegue mais falar nem continuar ensinando. Em outubro de 2018, ele expressou seu desejo, usando gestos, de retornar ao templo no Vietnã, onde foi ordenado como jovem monge. Em março de 2019, foi anunciado que Hanh estava voltando para o Vietnã para aproveitar o resto de sua vida.

A partir de então, devotos de muitas partes do mundo estão visitando o monge doente, que se aposentou em um templo budista perto da cidade de Hue, uma das mais bombardeadas na guerra. Tal abordagem atenciosa e de aceitação de sua própria saúde debilitada parece adequada para o popular professor budista, cujos seguidores incluem mil comunidades budistas ao redor do mundo e milhões mais de pessoas que leram seus livros.

Para todos eles, as mensagens de Hanh encorajam a presença no momento. Trata-se de um homem de ensinamentos simples, porém profundos, que combinam atenção plena e mudança social. Se cada um conseguir ficar plenamente atento para o que faz, assim como seus sentimentos, pensamentos e comportamentos, certamente, terá excelentes resultados no que se refere a uma atitude mental mais equilibrada e harmônica.

> *"Para desenvolver um estilo de aprendizado mais produtivo, com afinidades e distinções em uma boa medida, é preciso estar presente ao momento."*

# CAPÍTULO 13
## PENSANDO DENTRO DO PADRÃO

## PENSANDO DENTRO DO PADRÃO

Já estamos na reta final dos nossos sete pilares que tratam das diferentes atitudes mentais das pessoas. Você já sabe que os indivíduos podem ser motivados pelo desejo, como era Steve Jobs, ou pela dor, como Walter White, personagem fictício da série *Breaking Bad*. Também é possível que desenvolvam uma visão mais geral, tal qual John Lennon, ou sejam mais detalhistas, como era Mozart. Também há quem tenha um foco mais voltado ao passado, como Beyoncé; ao presente, como Michael Jordan; ou ao futuro, como Bill Gates.

Numa situação ligada ao trabalho, vimos que algumas pessoas são mais voltadas às alternativas, como Nikola Tesla; ou às ações, como Usain Bolt. Observamos, ainda, como ao tratar com as relações, a pessoa pode assumir uma posição de protagonista, como Walt Disney, ou ser um mero coadjuvante, como foi Ub Iwerks, o cocriador do Mickey Mouse que pouca gente conhece. Por fim, também abordamos os estilos de aprendizagem, que podem ter um foco nas afinidades ou nas distinções. E conhecemos as lições do monge budista Thich Nhat Hanh, responsável por difundir a meditação *mindfulness* no Ocidente.

Não foi pouca coisa, como podemos constatar. Mas ainda há muito a conferir sobre as atitudes mentais, acredite. Neste capítulo, veremos quais são os diferentes padrões de pensamento existentes. Talvez você já tenha se questionado sobre como as diversas pessoas do seu convívio raciocinam. Por que parece haver formas tão variadas de exprimir ideias, afinal? Imagine dois irmãos gêmeos, desses absolutamente idênticos. Pois a maneira como um deles pensa pode ser completamente oposta à do outro, não é?

Vamos além: você já se deu conta de como cada pensamento se origina e flui na sua mente? Quais são os sentimentos e pontos de vista que motivam seus raciocínios? E que comportamentos eles têm gerado? Por fim, o que será que isso tem a ver com seus resultados? A resposta é: tudo! Compreender as engrenagens por trás da equação formada por pontos de vista, sentimentos, pensamentos e comportamentos faz a diferença entre o sucesso ou o fracasso em qualquer área da vida.

Daí a importância desse pilar em nosso método para mudar efetivamente os resultados. Quando desenvolvemos estratégias para abordar problemas, podemos enfatizar combinações dos chamados padrões de pensamento (ou padrões cognitivos básicos), que são definidos por quatro fundamentos: o olhar, a atitude, o raciocínio e a emoção. Esses padrões de pensamento são expressões mais amplas dos elementos de uma estratégia cognitiva equivalente: a visualização, o movimento, a verbalização e o sentimento[69].

Mas, antes de prosseguir, precisamos contextualizar tais conceitos. Ao longo de suas pesquisas, o austríaco Sigmund Freud (1856-1939), neurologista, psiquiatra e considerado o pai da psicanálise, relacionou os processos lógicos e verbais ao ego, a

---

69 DILTS, R.B. *A estratégia da genialidade: Freud, da Vinci, Tesla.* São Paulo: Summus, 2004.

parte da psique humana que surge a partir da interação do ser humano com a sua realidade.

Assim, o mecanismo do ego é responsável por adequar nossos instintos primitivos, o id, com o ambiente em que vivemos. Também encarregado do equilíbrio da psique, o ego procura sempre regular os impulsos do id, ao mesmo tempo que tenta satisfazê-los de um modo menos imediatista e mais realista.

Para entender em plenitude a importância do conceito de ego, basta saber que é graças a ele que o indivíduo consegue manter a sanidade da sua personalidade, por exemplo. Assim, de acordo com Freud, o ego é capaz de permanecer distante das questões afetivas e emocionais de uma situação-problema. Por outro lado, as paixões, os desejos e os instintos do id estão intimamente relacionados à emoção e à ação.

Dessa forma, podemos resumir tudo assim: o ego e o id, pelas definições elaboradas por Freud, podem ser caracterizados por grupos particulares de padrões de atitudes mentais. No que se refere ao ego, temos os padrões de raciocínio/verbalização e olhar/visualização. Já em relação ao id, os padrões são de atitude/movimento e emoção/sentimento.

Desse modo, alguém que enfatize mais o padrão de pensamento relacionado ao ego, ou seja, voltado para o olhar ou para o raciocínio, tomará decisões com uma base mais lógica. A pessoa que age movida por esses padrões de pensamento (olhar ou raciocínio), por exemplo, costuma observar o exterior, ou seja, o que existe no seu entorno. O ambiente é determinante para as decisões de pessoas com este perfil.

## NEWTON: UM GÊNIO TEMPERAMENTAL

Um bom exemplo de alguém com padrão de pensamento relacionado ao ego é o matemático e físico inglês Isaac Newton (1643-1727)[70], considerado por muitos como um dos maiores pensadores que já existiram. Famoso por suas descobertas, Newton estudou alquimia, óptica, gravidade e vários aspectos da ciência e da matemática, ao longo de sua vida. Tornou-se uma figura central na revolução científica ocorrida no século 17.

Suas formulações das Três Leis do Movimento, que são os princípios básicos da física moderna e resultaram na Lei da Gravitação Universal, o colocaram em um patamar da história que poucos seres humanos alcançaram[71]. É preciso acrescentar que Newton foi um gênio sem igual, mas também era conhecido por ser genioso e temperamental. Temia críticas e era paranoico, pois acreditava que muitas pessoas conspiravam contra ele.

O filósofo e matemático alemão Gottfried Leibniz (1646-1716) que o diga. Ele publicou seu trabalho sobre cálculo ainda em 1684, antecedendo a própria obra de Newton em 20 anos. No entanto,

---

[70] THE RENAISSANCE Mathematicus. *Calendrical confusion or just when did Newton die?* Não paginado. Disponível em: <https://thonyc.wordpress.com/2015/03/20/calendrical-confusion-or-just-when-did-newton-die/>. Acesso em: 06 nov. 2019.

[71] ISAAC NEWTON. In: ENCYCLOPAEDIA BRITANNICA. Não paginado. Disponível em: <https://www.britannica.com/biography/Isaac-Newton>. Acesso em: 06 nov. 2019.

isso não impediu que Newton fosse atrás de Leibniz, acusando-o de plágio. Esse foi apenas um dos atritos entre ambos, que foram inimigos a vida toda.

E bem no final de sua vida turbulenta, o físico narrou um acontecimento que se tornou uma das lendas mais duradouras da história da ciência. Em 1666, Newton, então com 23 anos, estava sentado debaixo de uma macieira quando observou um acontecimento banal, mas que o levou a pensar sobre a gravidade. Ao observar uma maçã cair, passou a considerar a direção, a velocidade e outros aspectos do movimento daquela fruta[72].

O relato foi feito em 1726 (no penúltimo ano de vida de Newton) a um amigo, o arqueólogo William Stukeley, integrante da instituição científica britânica Royal Society. Os dois haviam jantado na casa de Newton e tomavam chá debaixo da macieira que iria se tornar famosa. Ao que parece, Newton contava a história sempre, pois ela também foi narrada por outras pessoas que o conheciam, incluindo sua sobrinha Catherine, que cuidou dele nos seus últimos anos.

E quanto mais Newton contava a tal história, mais elaborada ela ia se tornando, o que, eventualmente, resultou na célebre anedota da maçã em queda, que teria batido na cabeça dele sob a

---

72 CONNOR, S. *The core of truth behind Sir Isaac Newton's apple.* Não paginado. Disponível em:<https://www.independent.co.uk/news/science/the-core-of-truth-behind-sir-isaac-newtons-apple-1870915.html>. Acesso em: 06 nov. 2019.

árvore[73]. O fato é que, para o bem ou para o mal, um dos maiores nomes da história da ciência tinha uma atitude mental voltada para o olhar e para o raciocínio, sendo sempre muito influenciado pelo que ocorria a seu redor.

## SHAKESPEARE: DESCONHECIDO REI DO DRAMA

Se Newton é um autêntico representante do padrão de pensamento ligado ao ego, há quem seja mais focado na atitude mental ligada ao id. Ou, em outras palavras, há quem dê mais ênfase à atitude ou à emoção, o que significa que tenda a atuar fundamentado em seus sentimentos. Por conta disso, o indivíduo centrado nessa mentalidade (de atitude ou emoção) sempre olha mais para "dentro de si" quando precisa partir para a ação. Quem tem tais características precisa estar bem internamente, emocionalmente, para conseguir atuar.

Considerado o maior autor em língua inglesa, William Shakespeare (1564-1616) se encaixa nesse perfil. Foi poeta e dramaturgo, mas não qualquer um deles. É tido como o maior dramaturgo de todos os tempos. Embora existam divergências sobre quantas peças ele tenha escrito, o consenso geral é de que sejam 37 ao todo, além de 154 sonetos. Criou universos inteiros a partir do que via, claro — mas, sobretudo, daquilo que sentia. Seus personagens exprimem emoções humanas, tão verdadeiras, que sobrevivem ao tempo e espaço.

---

73 BBC. *Isaac Newton: the man who discovered gravity.* Não paginado. Disponível em: <https://www.bbc.com/timelines/zwwgcdm>. Acesso em: 06 nov. 2019.

Ou como entender que ele e sua obra se mantenham relevantes quatro séculos após sua morte? Bom, Shakespeare permanece vital porque suas peças apresentam pessoas e situações que reconhecemos nos dias atuais. Seus personagens têm uma realidade emocional que transcende o tempo, e suas peças retratam experiências familiares, que vão desde brigas a paixões que resultam em verdadeiras guerras. O fato de suas peças serem executadas e adaptadas em todo o mundo ressalta o apelo universal de sua narrativa[74].

Em um momento em que o latim começava a perder campo para a língua inglesa, Shakespeare desempenhou um papel enorme na expansão da capacidade expressiva da linguagem, especialmente na representação verbal do pensamento e da subjetividade. Se tivesse nascido 50 anos antes, jamais poderia ter feito o que fez. Seu enorme vocabulário só poderia ser derivado de uma mente de grande velocidade, respondendo tanto à linguagem literária quanto à falada.

Com algumas exceções, Shakespeare não inventou as tramas de suas peças. Algumas vezes, ele usava histórias antigas, outras vezes, trabalhava nas histórias de escritores italianos relativamente recentes. Ao escrever peças históricas, se inspirou amplamente nas histórias de nobres gregos e romanos. Mas, embora tenha imortalizado personagens como Otelo, Hamlet, Rei Lear,

---

[74] PASTER, G. K. *Shakespeare's genius*. Não paginado. Disponível em: <https://www.britannica.com/topic/Shakespeares-Genius-1733556>. Acesso em: 06 nov. 2019.

Lady Macbeth ou Romeu e Julieta, curiosamente, a vida privada de Shakespeare é quase que completamente desconhecida.

Pouco registros restaram do homem que inspirou não apenas atores e diretores britânicos e americanos, mas também artistas e cineastas de todo o mundo. Sabe-se que se casou aos 18 anos com Anne Hathaway, oito anos mais velha que ele, e tiveram três filhos. Um deles, o único menino, morreu aos 11 anos, de causas que não são conhecidas. O casamento, ao que tudo indica, não tinha nada de feliz. Shakespeare sequer vivia com as filhas e a mulher. Em vez disso, se dedicava ao trabalho intenso. Mas, como já foi dito, há mais especulações entre o Céu e a Terra do que pode imaginar nossa vã filosofia.

Falamos de Newton e Shakespeare para exemplificar os pontos presentes no ego e no id, e para ilustrar as distinções entre padrões de pensamento que são mais voltados ao raciocínio, ao olhar, à atitude e à emoção. Porém, é necessário acrescentar que existem muitas combinações possíveis entre os quatro pontos (olhar, atitude, raciocínio e emoção). Ninguém é uma coisa ou outra 100% do tempo.

De modo geral, a pessoa pode ser mais racional em um determinado ambiente, como no trabalho, por exemplo, mas se mostrar mais ligada às emoções quando estiver com sua família. Uma vez mais, como já afirmamos, o mundo possui muito mais complexidade do que apenas pontos extremos. Devemos sempre ter isso em mente, para não cometermos equívocos a partir de análises superficiais ou crenças infundadas.

E nossa análise está chegando à reta final. Espero você no próximo capítulo para concluirmos os sete pilares que vão fazer com que você mude seus resultados. Será que você está preparado? Tenho certeza de que sim. Então, vire a próxima página e vamos nessa!

> *"De modo geral, a pessoa pode ser mais racional em um determinado ambiente, como no trabalho, por exemplo, mas se mostrar mais ligada às emoções quando estiver com sua família."*

# CAPÍTULO 14
## CADA UM TRABALHA DE UM JEITO

## CADA UM TRABALHA DE UM JEITO

Seja bem-vindo. Chegamos ao último pilar que integra as atitudes mentais que as pessoas costumam adotar em suas vidas. Nossa missão está quase completa — lembrando, como já afirmamos, que isso é sempre realizado de uma forma rotineira e automática, ou seja, sem que nos demos conta. No entanto, isso acaba por definir a maneira como cada um observa o mundo. Também determina quais serão as emoções, as ações e os pensamentos a serem escolhidos e utilizados ao longo da vida, em qualquer situação cotidiana. Portanto, é possível afirmar que o caráter ou a personalidade de todo indivíduo carrega traços significativos e profundos dessa matéria-prima.

Em suma: **você é a soma de suas atitudes mentais.** Ou, vendo por outra perspectiva, as suas atitudes mentais dizem muito sobre quem você é realmente, sobre a sua essência, seu eu verdadeiro — longe das máscaras sociais que todos usamos para lidar com o outro diariamente. Então, cabe a pergunta: quem é você? Será que você se conhece bem? A importância de você saber quem realmente é, do que gosta, quais são seus limites, o que sente, o que pensa e como age, faz toda a diferença entre seu sucesso e seu fracasso. Ao nos conhecermos em plenitude, tomamos consciência de nossas fraquezas e fortalezas.

E esse é o primeiro passo para executar as mudanças necessárias para que você possa chegar onde deseja. Trata-se do ponto de partida. Se a vida pode ser encarada como uma viagem ou uma caminhada, a tarefa de se conhecer equivale a ajustar seu

GPS GPS interno para determinar onde você quer chegar, qual será o seu destino. Tão ou mais importante é determinar a rota que deve ser seguida até seus objetivos. O conhecimento liberta. Sempre. O autoconhecimento nos enche de responsabilidade, pois nos coloca efetivamente no comando de nossas vidas. Deixamos de "terceirizar", culpar os outros por nossos resultados.

Você tem o poder de mudar. Mudar o que quiser. E, consequentemente, seus resultados serão outros. Melhores. Infinitamente melhores do que são hoje. Então, vamos falar sobre a atitude mental definida como **Preferência de Trabalho**, nosso sétimo e último pilar. Você sabe dizer como prefere trabalhar? Como você produz melhor? Sozinho, em parceria com outra pessoa ou em equipe? Quanto mais consciência você tiver de como opera, melhor, pois mais eficiente será. E isso vale para qualquer atividade a ser desempenhada. Por isso, reflita sobre como você exerce esse papel. Fará a diferença.

Quando observamos um grupo de pessoas em um ambiente de trabalho, facilmente encontramos aqueles que preferem trabalhar sozinhos, ou seja, os **autônomos**; outros que gostam de ter pessoas por perto no desempenho das atividades profissionais, portanto, prezando pela **parceria**; e um terceiro perfil, que se sente melhor como parte de uma equipe, e cujos representantes, por isso, podem ser chamados de **cooperadores**.

## ANTES SÓ DO QUE MAL ACOMPANHADO?

O grupo dos indivíduos com perfil **autônomo** prefere desempenhar suas funções a sós ou ter responsabilidade exclusiva por realizar um trabalho. Se eles têm de trabalhar com outros profissionais ou dividir responsabilidades, a produtividade deles pode até diminuir. Também gostam de trabalhar com a porta da sala fechada ou em isolamento. E não costumam consultar outras pessoas com facilidade.

Se você perguntar a eles sobre uma experiência de trabalho particularmente agradável, irão falar sobre o que fizeram e não vão mencionar outros colegas que os ajudaram a concluir a tarefa ou com quem dividiram as obrigações. Quando é preciso influenciar essas pessoas, a melhor alternativa é dar a elas total responsabilidade e deixar claro que elas irão trabalhar sozinhas na função a ser exercida. São pessoas produtivas quando atuam de modo independente, mesmo que o ambiente de trabalho em torno delas possa ser considerado caótico.

Ao longo da história do mundo, não faltam exemplos de indivíduos que se destacaram e que tinham um perfil claramente autônomo. Na Renascença da Europa, os artistas italianos Leonardo da Vinci (1452-1519)[75], Michelangelo (1475-1564)[76] e

---

75 **HEYDENREICH, L. H. *Leonardo da Vinci*.** *Não paginado. Disponível em: <https://www.britannica.com/biography/Leonardo-da-Vinci>. Acesso em: 06 nov. 2019.*

76 **GILBERT, C. E. *Michelangelo*.** *Não paginado. Disponível em: <https://www.britannica.com/biography/Michelangelo>. Acesso em: 06 nov. 2019.*

Rafael (1483-1520)[77] podem ser considerados desse time, sendo que o primeiro deles foi um dos mais notáveis de todos os tempos. Leonardo é considerado um gênio da pintura, mas exerceu papéis tão distintos como os de arquiteto, escultor, desenhista e engenheiro, por exemplo.

Na verdade, ele era um polímata, ou seja, alguém que estuda e domina diversas ciências ou que tem conhecimento em muitas áreas. Tal característica, rara ao longo da trajetória humana e cada vez mais excepcional atualmente, tem relação com uma atitude mental ligada à autonomia. Leonardo é mais conhecido por suas pinturas, sobretudo a Mona Lisa, que ele fez de 1503 a 1519, e a Última Ceia, de 1495 a 1498. Seu desenho do *Homem Vitruviano*, de 1490, também se tornou um ícone cultural.

Os cadernos de anotações do italiano, no entanto, revelam um intelecto agudo, e suas contribuições para a arte, incluindo métodos de representação do espaço, de objetos tridimensionais e da figura humana, mudaram o curso da história. A fama única que Leonardo desfrutou em vida e que permaneceu intacta repousa em seu desejo ilimitado de conhecimento, que guiou todo o seu pensamento e comportamento.

Artista por disposição e talento, considerava seus olhos o principal caminho para o conhecimento. Para ele, a visão era o sentido mais elevado do homem, porque só ela transmitia os fatos

---

[77] **RAPHAEL. In: ENCYCLOPAEDIA BRITANNICA.** *Não paginado. Disponível em: <https://www.britannica.com/biography/Raphael-Italian-painter-and-architect>. Acesso em: 06 nov. 2019.*

da experiência imediatamente, corretamente e com certeza. Porém, não existe nada mais pessoal do que o ponto de vista. Assim, Leonardo criava a partir do que via, ou seja, de uma forma completamente autônoma.

Durante toda a vida, Leonardo estabeleceu metas ilimitadas para si. O escritor do século 16, Giorgio Vasari, indicou que Leonardo pouco se importava com dinheiro, mas era generoso com amigos e assistentes. Tinha uma mente inquisitiva e fez grandes esforços para se tornar erudito em idiomas, ciências naturais, matemática, filosofia e história, entre outros assuntos. Seria vegetariano, nunca se casou, mas teve muitos relacionamentos com outros artistas e intelectuais, bem como com assistentes. Pode ser classificado como alguém que prezou por sua independência (artística, profissional, pessoal) a vida toda.

## EU E VOCÊ, VOCÊ E EU

Se, como vimos, os autônomos gostam de trabalhar a sós, o grupo que preza pela parceria prefere ter obrigações claramente definidas ao exercer uma tarefa, mas precisa que outras pessoas também estejam envolvidas, sem dividir responsabilidades nem o controle. Se você perguntar a eles sobre uma experiência de trabalho particularmente agradável, irão falar sobre o que fizeram e concluir que outras pessoas os ajudaram a realizar o trabalho.

Possivelmente, irão dizer "minha equipe", mas vão se colocar sempre como o "capitão" do grupo. Para motivar essas pessoas, deve-se procurar colocá-las no controle, mas fornecer subordinados para que elas tenham a experiência de dirigir. Com uma pequena dose de cooperação, este é um bom atributo para posições gerenciais, por exemplo.

Quando observamos a história da humanidade e pousamos nosso olhar sobre os filósofos gregos, podemos notar que figuras como Sócrates (470 a.C.-399 a.C.)[78], Platão (428 a.C.-348 a.C.)[79] e Aristóteles (384 a.C.-322 a.C.)[80] manifestaram uma atitude mental voltada para **parcerias**. Afinal, se o olhar de Leonardo da Vinci é algo pessoal e intransferível, a tarefa de pensar o mundo ganha mais força quando feita por mais de uma mente, por mais extraordinária que ela seja. Sim, o ditado que afirma que "duas cabeças pensam melhor do que uma" carrega uma autêntica sabedoria.

Sócrates, pensador cujos estilo de vida, caráter e ideias exerceram profunda influência sobre a filosofia antiga e moderna, dizia que não tinha nada a ensinar. Ia além, e afirmava não saber nada importante. Seu estilo de filosofar consistia em se envolver em conversas públicas apenas para procurar respostas para algumas questões humanas urgentes (por exemplo, "o que é virtude?" ou "o que é justiça?"). Com isso, ajudava os outros a fazerem o mesmo. Ou seja, todo o pensamento dele é resultado de diálogos, da troca com o outro. De parcerias.

---

78 **KRAUT, R. *Socrates.*** Não paginado. Disponível em: <https://www.britannica.com/biography/Socrates>. Acesso em: 06 nov. 2019.

79 **MEINWALD, C. C. *Plato.*** Não paginado. Disponível em: <https://www.britannica.com/biography/Plato>. Acesso em: 06 nov. 2019.

80 **KENNY, A. J. P; AMADIO, A. H. *Aristotle.*** Não paginado. Disponível em: <https://www.britannica.com/biography/Aristotle>. Acesso em: 06 nov. 2019.

Sempre por meio de questionamentos hábeis, Sócrates mostrava que seus interlocutores não sabiam do que estavam falando quando defendiam seus pontos de vista. Apesar dos resultados negativos desses encontros, ele mantinha algumas visões positivas amplas, incluindo a de que a virtude é uma forma de conhecimento e que "o cuidado da alma" (o cultivo da virtude) é a obrigação humana mais importante.

Sócrates não escreveu nada. Tudo o que se sabe sobre ele é fruto de relatos de integrantes de seu círculo, sobretudo Platão, que foi seu aluno. Embora não tenha sido contemporâneo de Sócrates, Aristóteles, que nasceu 15 anos após a morte do filósofo mais velho, era aluno de Platão, que lhe transmitiu todo o conhecimento sobre o pensador já falecido mas com ideias imortais. Os retratos mais vívidos de Sócrates existem nos diálogos de Platão, ou seja, uma vez mais estamos falando de um trabalho de parceria.

## TIME DOS SONHOS

Por fim, além daqueles que gostam de trabalhar com autonomia e os que preferem atuar em parceria, temos os **cooperativos**, pessoas que apreciam trabalhar quando a responsabilidade e o controle são compartilhados com outros indivíduos. O ambiente ideal para eles, por exemplo, apresenta uma equipe, mas com a característica de que todos se revezam conduzindo e compartilhando a liderança e as obrigações.

Se você perguntar a eles sobre uma experiência de trabalho particularmente agradável, irão falar em termos de "nós", "nossa equipe", e que a responsabilidade e as realizações são o resultado da contribuição de todos. Para motivar essas pessoas, utilize as expressões *responsabilidade compartilhada*, *estamos nisso todos juntos*, e use as palavras *nós* e *nosso*. Essas pessoas são perfeitas para ambientes de equipes que exijam divisão de responsabilidade e trabalho em conjunto.

Entre as pessoas que se destacam na história e que mostraram um perfil cooperativo, temos o reverendo norte-americano Martin Luther King Jr. (1929-1968)[81], o ativista indiano Mahatma Gandhi (1869-1948)[82], e o ex-presidente sul-africano Nelson Mandela (1918-2013)[83]. São indivíduos que, apesar de terem conquistado vitórias em suas causas e se posicionado como líderes, têm como característica um pensamento coletivo, de esforço em conjunto, cooperativo. Eles unem quem está a seu redor e têm a mente voltada para um bem maior.

Advogado, político e escritor, Gandhi se notabilizou por liderar o movimento nacionalista contra o domínio britânico da Índia, seu país. Reconhecido internacionalmente, ficou célebre por sua doutrina de protesto não violento para alcançar progresso político e social. Sua obra, no entanto, é efeito de uma vontade

---

[81] CARSON, C; LEWIS, D. L. *Martin Luther King Jr.* Não paginado. Disponível em: <https://www.britannica.com/biography/Martin-Luther-King-Jr>. Acesso em: 06 nov. 2019.

[82] NANDA, B. R. *Mahatma Gandhi.* Não paginado. Disponível em: <https://www.britannica.com/biography/Mahatma-Gandhi>. Acesso em: 06 nov. 2019.

[83] NELSON MANDELA. In: ENCYCLOPAEDIA BRITANNICA. *Nelson Mandela.* Não paginado. Disponível em: <https://www.britannica.com/biography/Nelson-Mandela>. Acesso em: 06 nov. 2019.

coletiva, e não seria possível de ser colocada em ação sem a cooperação de muitas outras pessoas.

Aos olhos de milhões de seus companheiros indianos, Gandhi era o *Mahatma* ("Grande Alma"). A adoração das enormes multidões que se reuniam para vê-lo, em todo o percurso de suas manifestações, fez com que ele mal pudesse trabalhar durante o dia ou descansar à noite. Sua fama se espalhou por todo o mundo no decorrer de sua vida, e só aumentou após sua morte. Mahatma Gandhi é um dos nomes mais reconhecidos no mundo.

De forma similar a Gandhi, o ministro batista e ativista social Martin Luther King Jr. esteve à frente do movimento pelos direitos civis nos Estados Unidos desde a metade da década de 1950 até sua morte, por assassinato, em 1968. Sua atuação foi fundamental para o sucesso do movimento contra a segregação de negros no sul e em outras partes dos EUA.

King ganhou destaque nacional ao promover táticas não violentas pelos direitos civis, como a maciça marcha em Washington (1963). Em 1964, recebeu o Prêmio Nobel da Paz, honraria que Gandhi nunca conquistou — apesar de ter sido indicado em 1937, 1938, 1939, 1947 e, finalmente, alguns dias antes de ser assassinado em janeiro de 1948, por um jovem fanático hindu. A omissão foi publicamente lamentada por membros posteriores do Comitê Nobel. Quando o Dalai Lama recebeu o Prêmio pela Paz em 1989, o presidente do comitê disse que isso era "em parte uma homenagem à memória de Mahatma Gandhi"[84].

Por fim, o time de cooperadores que inclui Gandhi e King também tem espaço para Nelson Mandela, que também foi líder, mas nunca trabalhou sozinho. Não por acaso, também foi ganhador do Prêmio Nobel da Paz, em 1993, por seu trabalho pelo término pacífico do regime do *apartheid* (a segregação racial em seu país) e por estabelecer as bases para uma nova África do Sul democrática[85]. Mandela compartilhou o prêmio com o homem que o tinha libertado, o presidente Frederik Willem de Klerk, porque eles haviam concordado em uma transição pacífica para o governo de seu país.

Pela minha experiência pessoal, acumulada em mais de duas décadas na aplicação de cursos, imersões, workshops, entre outros, posso afirmar que no contexto profissional, ao verificarmos a distribuição desses perfis, temos que 2 em cada grupo de 10 pessoas possuem traços autônomos, o que corresponde a 20% do total. Outros 6 em cada 10 (60%) têm perfis voltados para as parcerias. E, por fim, 2 em cada 10 indivíduos (os 20% restantes) possuem perfis para a cooperação.

---

84 **THE NOBEL Prize. Mahatma Gandhi, the missing laureate.** *Não paginado. Disponível em:<https://www.nobelprize.org/prizes/themes/mahatma-gandhi-the-missing-laureate>. Acesso em: 06 nov. 2019.*

85 **THE NOBEL Prize. Nelson Mandela – facts.** *Não paginado. Disponível em: <https://www.nobelprize.org/prizes/peace/1993/mandela/facts/>. Acesso em: 06 nov. 2019.*

# CAPÍTULO 15
# MUDAR OU NÃO MUDAR, EIS A QUESTÃO

## MUDAR OU NÃO MUDAR, EIS A QUESTÃO

Junte a inteligência de Steve Jobs, Bill Gates, Walter White, Nikola Tesla e Isaac Newton. Acrescente os talentos de Lennon, Beyoncé, Michael Jordan, Usain Bolt, Walt Disney e Ub Iwerks. Misture tudo com a genialidade de Mozart, Shakespeare, Leonardo da Vinci, Michelangelo e Rafael. Introduza uma pitada dos pensamentos de Sócrates, Platão e Aristóteles. Por fim, coloque uma boa dose dos ensinamentos do monge Thich Nhat Hanh, de Gandhi, Martin Luther King Jr. e Mandela. Será que existe uma receita para o sucesso?

A resposta é: SIM! Porém, provavelmente ninguém vai chegar ao êxito ao simplesmente copiar exemplos dos outros. Afinal, o que deu certo para Jobs ou Tesla, em tempos, lugares e circunstâncias diferentes, talvez não sirva para você, para seu amigo ou sua vizinha. Sucesso não está à venda no supermercado. Mas, se serve de consolação, o fracasso também não é um item que você encontrará na prateleira de uma loja. Onde será que está a tal receita para o sucesso, então? Mais perto do que você imagina, lhe garanto.

Ao longo de nossa trajetória, conhecemos problemas reais de nossos cinco personagens, cada um deles com suas atitudes mentais a atrapalhar seus avanços. O publicitário Fernando, uma pessoa sem foco algum, a designer Cecília, que precisa aprender a dizer não, e o engenheiro Roberto, que, se não controlar sua agressividade não chegará a lugar algum. Não podemos nos esquecer da arquiteta Helena, que tem extrema dificuldade de trocar hábitos, e do empreendedor Marcos, que não muda a mentalidade.

Agora que já conhecemos os sete pilares que integram as atitudes mentais das pessoas, podemos observar como estão se saindo os nossos personagens na luta para se livrar de seus problemas, ao mesmo tempo que tentam evoluir e conquistar tudo aquilo que desejam. Será que eles fizeram algo diferente, enquanto não estávamos olhando? E, mais importante, será que está dando certo? Vamos conferir.

## QUANDO MUITO TEMPO PARADA, ATÉ ÁGUA POTÁVEL APODRECE

Na última vez que acompanhamos as agruras de Fernando, o nosso publicitário de 43 anos, vimos que ele estava sob a ameaça de ser despejado por falta de pagamento do aluguel da casa em que morava, em São Paulo. Além disso, vinha sendo pressionado pela mulher, que não aguentava mais as incertezas no cotidiano da família, efeito colateral da falta de foco e de organização do marido. Pior para os dois filhos do casal, meninos de 3 e 6 anos, que chegaram a presenciar várias discussões entre os pais nos últimos meses. E, claro, viviam inseguros. O mais velho, inclusive, voltou a fazer xixi na cama, recentemente.

Pois bem, as coisas para o Fernando não avançaram muito bem de lá para cá. Por ter perdido todos os clientes, o publicitário não conseguiu honrar os aluguéis atrasados. Acabou, mesmo, despejado. Aquilo foi a gota d'água para a mulher, que foi para a casa da mãe dela em definitivo com os filhos, ao mesmo tempo que entrou com um pedido de divórcio. Fernando nada pôde fazer. Não fosse por um amigo, que cedeu a ele um quartinho nos fundos da casa em que mora para o publicitário dormir, ele estaria ao relento.

Tem sofrido com a ausência dos filhos, da mulher, da casa que alugavam. Sua autoestima desmoronou. Nunca se sentiu tão mal na vida. Acredita ter chegado ao fundo do poço.

Mas deixemos Fernando sozinho. Vamos ao Rio, ver como tem se saído a designer Cecília, de 19 anos. Quando a vimos pela última vez, ela estava bastante aflita, pois vinha sendo cobrada no emprego por causa de sua baixa produtividade, resultado direto do fato de ela querer abraçar o mundo. Já tinha sido obrigada a abandonar a faculdade por conta disso. Também vinha sendo atormentada por dívidas contraídas pela irmã mais velha, que usava o cartão de crédito de Cecília como se não houvesse amanhã, e pela ausência do pai, colocado para fora de casa pela mãe dela.

Em resumo, os pesadelos da jovem são derivados da sua incapacidade de estabelecer limites àqueles que a cercam. E, assim como Fernando, Cecília tem visto o cenário piorar. A irmã, em vez de ajudá-la, preferiu lhe virar as costas. Foi chamada de ingrata quando explicou que não teria como emprestar o cartão mais uma vez, já que a dívida estava alta. No trabalho, ela recebeu um ultimato: ou melhora em um mês ou será desligada. Mas como se concentrar cheia de dívidas, e sabendo que o pai se entregou ao alcoolismo? Segundo contaram a Cecília, seu pai tem bebido dia e noite, desde que saiu da casa da família.

# INSPIRE-SE EM QUEM ALCANÇOU O SUCESSO

Fernando e Cecília têm passado maus bocados, mas estão melhores, acredite, que o engenheiro Roberto, de 28 anos. Por sua personalidade agressiva, sem conseguir conter sua raiva, ele já não conseguia empregos na área, pois o mercado em Salvador, sua cidade natal, é pequeno, e sua imagem não estava queimada, mas carbonizada. Vinha se virando como motorista de aplicativo, para pagar as contas. Porém, mais uma vez, por não conseguir se conter, se prejudicou. Primeiro, foi por uma discussão com um passageiro que apenas pediu para ele mudar de rádio. A contragosto, Roberto atendeu à solicitação, mas não sem antes resmungar. E assim, por uma besteira, teve início um bate-boca.

Roberto terminou suspenso do aplicativo, após uma reclamação formal do outro homem. Com isso, perdeu por um tempo sua fonte única de rendimento. Mas o pior ocorreu apenas dias depois. Já quase sem dinheiro, o engenheiro se viu envolvido numa batida de carro. Chovia, e Roberto seguia em um pequeno congestionamento, quando se desconcentrou e não notou que o motorista da frente freou. Acabou atingindo o veículo da frente em cheio. Desceu nervoso, pronto para discutir, mas, para sua surpresa, o outro quis tranquilizá-lo.

Nesse momento, Roberto olhou o homem e o reconheceu, pois alguns meses o havia levado como passageiro em seu carro. Era ele quem estava aos beijos com a ex-noiva do engenheiro. Sem pensar direito, Roberto fechou a mão e deu um soco no rosto do outro motorista, que foi ao chão. Fez isso e ouviu um grito feminino: "Robeeeeeerto! Pare com isso!!!" Virou-se e viu sair da porta do passageiro do outro carro uma mulher, absolutamente em pânico. Ela correu e se abaixou para ajudar o homem ferido. Só aí, o engenheiro viu que aquela mulher, sua ex-noiva, estava grávida. A polícia chegou em seguida.

Em Curitiba, a arquiteta Helena, de 35 anos, ganhou mais cinco quilos desde a última vez que a vimos, à base de muita ansiedade. Nesse período, abandonou nutricionistas e também botou na cabeça que não iria ao médico tão cedo. Para falar a verdade, estava bastante cansada de "ouvir sermão". Tudo o que escutava dos especialistas era que ela deveria mudar hábitos urgentemente, para não deteriorar ainda mais a própria saúde. Só que, em um mundo em que ninguém parecia se importar realmente com ela, os hambúrgueres, sorvetes e outras "delícias" eram seus únicos prazeres. Não abriria mão deles por "qualquer coisa".

Ocorre que essa "qualquer coisa" se manifestou em uma manhã fria. Helena havia acabado de sair do banho, evitando ver seu reflexo nos espelhos da casa, quando sentiu uma pequena pontada pouco abaixo do peito, do lado esquerdo. Em seguida, um formigamento irradiou por um dos braços. Helena sentiu uma espécie de falta de ar, e o medo a tomou completamente. Não queria acreditar, mas percebeu que estava diante de um ataque cardíaco ou algo similar. Só teve tempo de se enrolar numa toalha e sair em busca de ajuda.

Cruzou o batente da porta e sua visão escureceu. Não se lembra de mais nada, mas acabou socorrida por vizinhos e por pessoas que passavam pela rua e viram a cena. Por sorte, uma delas era um médico, que fez os primeiros socorros, até que uma ambulância chegasse para levar Helena ao hospital. Levada para a emergência, foi sedada e entrou em coma. Está assim há duas semanas, para desespero da mãe, que a acompanha todos os dias.

Será possível que todos os nossos personagens mergulharam em uma espiral de sofrimento? Se Fernando e Cecília parecem muito aflitos, Roberto e Helena estão ainda mais enrascados. Mas vejamos como está o empreendedor Marcos, que, aos 55 anos, é o mais experiente de todos eles. Depois de se ver obrigado a abrir mão da lanchonete que montou em Belém e, por não ver alternativa, ter ido morar com a mãe idosa, Marcos acreditou que sua vida não poderia piorar. Mas, aparentemente, estava enganado.

A mãe do empreendedor acabou falecendo há algumas semanas. A causa? Complicações em decorrência da pneumonia. Os médicos disseram à família que se a senhora tivesse sido tratada adequadamente, com antibióticos mais eficientes, poderia ter resistido. Ouvir aquilo destruiu o pobre homem, e ele foi tomado por um avassalador sentimento de culpa. Passa noites em claro, pensando que tudo teria sido diferente, se ele tivesse conseguido dinheiro para comprar os remédios que poderiam ter salvado sua mãe. A filha dele, muito ligada à avó, não o perdoou. "Assassino!", ela gritou, no dia em que a idosa morreu.

Marcos não sabe ainda, uma vez que não foi ao médico, mas desenvolveu um quadro de depressão que, associado à insônia e ao consumo do cigarro (dois maços por dia, atualmente), está minando sua saúde. Se nada for feito por ele, o que hoje é algo tratável pode se tornar um problema bem mais sério amanhã. No entanto, como sabemos, o empreendedor (ou seria ex-empreendedor?) é um cabeça-dura. Por mais que esteja vendo tudo desmoronar a seu redor, não quer mudar sua mentalidade. Segue ladeira abaixo, mas não dá o braço a torcer. Como será que essa história vai terminar?

Aliás, além de Marcos, quais serão os destinos de Fernando, Cecília, Roberto e Helena? Teremos finais melancólicos para nossos cinco personagens? Ou será que poderíamos **mudar** algumas coisas neles e, com isso, fazê-los ter **resultados** diferentes?

## MUDE SEUS RESULTADOS!

E se fosse possível reescrever as histórias dos nossos cinco personagens de maneira completamente diferente?

Agora, imagine como seria se **VOCÊ** tivesse a possibilidade de mudar as coisas que fez errado na vida. Pegar uma borracha, apagar determinado fato e ter ali uma página em branco, para preenchê-la novamente com outras histórias, roteiros diferentes, novos desfechos. Pare por um instante e reflita: quais seriam os fatos que você reescreveria na sua vida, se pudesse? E por que os mudaria?

Pois não nos esqueçamos dos ensinamentos do monge vietnamita Thich Nhat Hanh. Lembra-se dele, em nosso capítulo 12? Esteja no presente. O amanhã ainda não existe, é só um sonho. O ontem já se foi, não há como voltar e alterá-lo. Mas, é no hoje que você pode operar. É no presente que você pode corrigir o que considerar equivocado no passado, aplicar os aprendizados que ele lhe trouxe, ou plantar as bases sólidas para o futuro que desejar, construir o amanhã dos seus sonhos. No presente.

Vamos praticar aqui um exercício. Suponha que tivéssemos o poder de mudar as atitudes mentais de nossos cinco personagens e, dessa forma, pudéssemos colher resultados diferentes dos que eles têm. Como será que seriam essas novas histórias. Vamos ver?

Comecemos por Marcos, nosso empreendedor de 55 anos. No ponto que o havíamos deixado, lá no nosso capítulo 6, ele havia fechado a lanchonete que montou em Belém. Em seguida, sem opção, foi morar na casa da mãe, uma senhora de 83 anos. Mas ao que parece, a soma de problemas mexeu internamente com ele. Ao ver que a mãe estava doente e que poderia perdê-la por causa de uma pneumonia, pois não tinha dinheiro para o tratamento, decidiu reavaliar tudo.

Primeiro, pediu um adiantamento no bar em que trabalha, explicando a situação delicada. Conseguiu-o, e levou a mãe em um especialista, que passou a ela os remédios adequados. A mãe se recuperou e ficou melhor que antes. Ver a mãe com a saúde restabelecida fortaleceu a confiança de Marcos. Tanto que ele está determinado a reabrir seu restaurante daqui a alguns meses. A filha dele, muito ligada à avó, ficou grata e orgulhosa pelo pai. Tanto que se ofereceu para ajudá-lo com todas as dúvidas que o pai tem em relação a internet e redes sociais. Apesar dos 12 anos, a menina tira de letra tudo o que se refere ao ambiente digital.

Os laços entre os dois ficaram mais fortes, e eles também têm passado mais tempo juntos, estudando as ações que colocarão em prática, assim que o restaurante da família estiver em pleno funcionamento novamente. Ao que parece, enfim, Marcos mudou sua mentalidade. Está disposto a estudar estratégias de marketing, buscar ferramentas para inovar na divulgação do seu negócio. Também está mais aliviado, pois conseguiu liquidar a maior parte das dívidas que tinha, ao renegociar com o banco o financiamento imobiliário. Deu um passo "para trás", mas, pela primeira vez em muito tempo, se sente tranquilo. Acredita que está no caminho certo. De quebra, parou de fumar.

Em Curitiba, a arquiteta Helena, de 35 anos, comemora uma pequena vitória: perdeu cinco quilos desde a última vez que a vimos. Com isso, está bem menos ansiosa. Nesse período, trocou de nutricionista, e agora está seguindo à risca o que ela e o médico lhe indicam. Ao fazer um check-up completo, percebeu o óbvio: que sua saúde estava se deteriorando. Tudo começou quando a mãe insistiu para que ela fizesse terapia ou procurasse algum outro tipo de ajuda especializada. No início, Helena se esquivou. Mas refletiu: em um mundo em que ninguém parecia se importar realmente com ela, a mãe era sua companheira de todas as horas. Não iria desapontá-la.

Com essa missão na cabeça, a arquiteta não só buscou a terapia, mas ainda experimentou um tratamento com a técnica da hipnose. Com tudo isso, conseguiu verificar que traumas de seu passado, como o acidente de carro, vinham impactando suas escolhas atuais. Iniciou uma dieta e se matriculou numa academia, no início desta semana. Tem estado mais sorridente, mais autoconfiante, se sentindo mais poderosa e orgulhosa de si. E tem notado que vem recebendo olhares de admiração de homens e mulheres por onde passa, para a felicidade da mãe, que a acompanha todos os dias.

Marcos e Helena têm passado bons momentos, mas há quem esteja até melhor, acredite: o engenheiro Roberto, de 28 anos, que tinha como marcas a personalidade agressiva e a incapacidade de conter sua raiva. Tinha, pois isso aparentemente ficou no passado. Ao não conseguir mais empregos em seu ramo em Salvador, pois sua fama era péssima, ele vinha trabalhando como motorista de aplicativo. Alguns meses nessa rotina, no entanto, fizeram-no finalmente refletir: "joguei minha carreira no lixo e afastei pessoas que me amavam por causa de uma fraqueza..."

Coincidentemente, ao conversar com um passageiro que levou até o aeroporto, soube que o outro homem já fora o "rei da confusão" quando mais jovem, mas que, em determinado ponto da vida, mudou completamente. O segredo? Capoeira, futebol e *krav maga*, a técnica de defesa pessoal de origem israelense. "Deixo minha agressividade na roda de capoeira, gingando; ou no campo, ao chutar forte uma bola; ou ainda no tatame, no pesado treino de *krav maga*. Tem feito muito bem para o meu corpo e para a minha mente", lhe explicou o passageiro.

Roberto titubeou, mas pensou: "o que tenho a perder?" Procurou, e achou academias em Salvador para fazer as modalidades. Falou com outros motoristas de aplicativo e descobriu que havia uma noite em que se reuniam para jogar bola. À medida que as semanas foram passando, foi se sentindo diferente. Mais leve. Aos poucos, já não se importava tanto com o trânsito como antes. Nem com aqueles passageiros mais chatos, que sequer "bom dia" diziam. "Problema deles. Minha mãe me deu educação", ele pensava. A tranquilidade e paciência passaram a lhe fazer companhia.

Em outra ocasião, ao falar com um passageiro e dizer que era engenheiro de formação, Roberto conseguiu uma entrevista na empresa em que o homem é diretor. Está confiante de que isso possa significar uma virada em sua maré de "má sorte". Isso lhe deixa calmo.

Mas deixemos Roberto em sua nova fase "paz e amor". Vamos ao Rio, ver como a designer Cecília, de 19 anos, tem avançado. Na última vez que a vimos, ela sofria com cobranças no trabalho e por dívidas feitas pela irmã mais velha, que usava o cartão de crédito da designer. Mas nada tirava mais o sono de Cecília do que a ausência do pai, praticamente expulso de casa pela mãe dela. Em resumo, a jovem vivia um inferno astral, por sua incapacidade de dizer não e deixar claro quais são os seus limites.

No entanto, os sentimentos que a distância do pai evocaram em Cecília parecem ter provocado mudanças na forma de ela pensar. E agir. Primeiro, ela chamou a irmã para uma conversa séria. Explicou que não emprestaria mais o cartão e fez com que a "mana sem noção" prometesse pagar todas as dívidas. Falou com tanta assertividade e firmeza, que a outra se assustou, pois nunca tinha visto essa nova faceta da caçula "boazinha".

Inspirada pela conversa, Cecília pediu para se reunir com o chefe no trabalho. Disse que queria e iria se dedicar mais às suas funções, mas falou que não iria mais acumular tarefas de colegas. O homem não só concordou, como elogiou a atitude da menina. "Estava para te chamar e dizer que você precisava se impor aqui dentro", ele lhe disse. A designer ficou aliviada. Mas ainda faltava uma última pessoa com quem Cecília queria ter um "bate-papo". Ao chegar em casa naquele dia, falou com a mãe.

De maneira bem clara, disse que entendia parte das queixas maternas em relação ao pai, mas acrescentou que acreditava que eles deveriam dialogar sobre seus problemas e não "resolver" as coisas com intimidações ou decisões impensadas. Para sua surpresa, a mãe caiu no choro. Afirmou estar arrependida e querendo chamar o marido para conversar. Cecília a abraçou, emocionada, e ligaram juntas para o pai dela.

Por fim, vamos reencontrar o publicitário Fernando, de 43 anos. Sob ameaça de ser despejado da casa que a família alugava em São Paulo, pressionado pela mulher, desapontando os filhos pequenos. Tudo consequência da sua falta de foco e organização. Pois bem, as coisas para o Fernando parecem ter melhorado, de lá para cá. Após ter perdido clientes, o publicitário percebeu que se não fizesse algo imediatamente, seria despejado e enfrentaria um divórcio. O que Fernando fez? Mudou.

Meio sem saber o que fazer, acessou conhecidos, e um deles lhe recomendou um processo de coaching. De início, o publicitário desconfiou, até porque também não sabia como poderia pagar. Ocorre que, por coincidência, um velho amigo, que Fernando não via havia anos, soube dos problemas que ele enfrentava. Como se sentia em dívida, pois o publicitário o ajudou demais no começo de carreira, se prontificou a ajudá-lo. De início, emprestou o valor que Fernando devia de aluguel. Em seguida, conseguiu, por meio de conhecidos em comum, um processo de *coaching* para o publicitário.

Atualmente, Fernando ainda está no meio do processo, mas conquistou três novos clientes, pois tem estado 100% focado em seus resultados. Já conseguiu devolver metade do empréstimo ao amigo, a quem será eternamente grato. Tem se relacionado muito bem com a mulher também. As brigas foram extintas. Os dois já iniciaram um planejamento financeiro sério. Querem, daqui a cinco anos, morar na casa própria, financiada e adquirida com total empenho de ambos. Fernando nunca esteve tão certo de que irão conseguir. A cada dia, ele acredita que tudo é possível para quem, com consciência e autoconhecimento, sabe da importância de mudar seus resultados.

Foi um enorme prazer concluir esta viagem com você. Um forte abraço. Até a próxima.

## CONTEÚDOS EXCLUSIVOS E GRATUITOS

Quer ter acesso a mais conteúdos transformadores? Separei uma série de materiais gratuitos para você continuar trilhando o seu processo de aprendizagem.

Acesso o **QR Code** de cada material e continue agora a sua jornada de autodesenvolvimento!

---

### WORKSHOPS

Workshops transformadoras para você assistir gratuitamente e transformar seus hábitos, trazendo melhores resultados para que você alcance metas e realize sonhos grandiosos.

### WEBINÁRIOS

Webinários exclusivos para você assistir gratuitamente e evoluir com a expertise de quem já tem mais de 15 anos formando pessoas em toda América Latina.

### SÉRIES EXCLUSIVAS

Séries transformadoras para você assistir gratuitamente e transformar seus hábitos, trazendo melhores resultados para que você alcance metas e realize sonhos grandiosos.

### E-BOOKS

E-books que vão te levar ao encontro da sua evolução profissional e pessoal para você baixar gratuitamente, ler quando, onde, como e quantas vezes você preferir.

Este livro foi composto em Barlow e impresso na gráfica Viena em papel offset alta alvura 90 g/m².

**DVS EDITORA**

www.dvseditora.com.br